正五行擇日精義深造

繼大師著

《正五行擇日精義深造》— 繼大師著

目錄

自序

繼大師

繼《正五行擇日精義》系列書籍于二〇一四年尾出版後，轉眼已過了八年時間，據統計擇日書籍數目，包括：

「擇日尅應、擇日問答、擇日兼紫白、初、中、進、高、心法。」

各階書籍全套共計九本，可謂將正五行之擇日法闡述得淋漓盡致。

一日，筆者繼大師得歐陽師兄提點，謂此套擇日書內，有某些細微地方，還未述說得清楚。例如：

「以中氣定「胎元」的原理及圖表。」 筆者在此感謝他。

另外，筆者覺得全套擇日書中，還有所欠缺，如：

正五行干支的詳細分析、「命宮、胎元」的擇日結婚案例、真祿擇日例子、驛馬擇日例子、文昌擇日例子、文曲擇日例子、三德之詳細解法及例子等。」這些原理及案例，會在此書第一章至第十一章內，詳細補述。

在五行干支屬性的基礎上，筆者繼大師以往所著，感覺上還有解釋得有不足之處，例如干支陰陽五行上的分別，以屬木的干支來說：

「寅」屬陽木，「卯」屬陰木，「亥、卯、未」三合木局，「亥」屬陽，「卯、未」屬陰，為二陰一陽之木。「寅、亥」合木，「寅、亥」同屬陽。天干「丁、壬」合木，以單一天干之五行計算，一陰火，一陽水，就合成了木。

以上各種不同組合，無論單一，或兩個，或三個，都構成不同陰陽所屬的木性，當中會有一些輕微的差別，以上這些細微口訣，會在此書內一一解說。

另外還有「早子、夜子」時的案例，剛好有一土地公廟，就是在夜子時給人砸壞。筆者把該日課案例分析，給大家參考，這牽涉到風水的坐向尅應問題，透過日課，產生吉凶，連土地陰神，都不能幸免於難。

（繼大師註：早子時是 00:01 至 01:00，夜子時是 23:01 至 24:00，00:00 或 24:00 是每日干支的分界線。）

日課之吉凶，也會在人事上偶然出現而產生尅應，例如筆者註解《元空真秘》一書，出版後不久，就收到同門師兄弟的指責，謂：「洩露天機」，本人回覆及解釋清楚原因，在未有計算日課之下，發出了訊息。

完成後，再翻查日子，剛好是人中三奇貴格。俗語說：「擇日不如撞日。」日課化解了他們的怒氣，可以說，凡事都有因緣；此事的根由，會在此書內詳細敘述。是書內容有尅應的例子，如三會日發生交通意外的尅應，真是點滴無差。還有正五行擇日法的實踐課例，如：

「結婚、新居入伙、開年晚飯、簽約、尅應推算法、出殯、喪禮、安座骨灰龕位、擇日安碑、執葬日課、日偏蝕的尅應、公司開張、出書日期與祖師墓穴的坐山尅應……」

這些事例，都是真實個案，內容豐富而詳盡，本書是擇日書中的第十本，書名：

《正五行擇日精義深造》

筆者繼大師一再聲明：

凡用《正五行擇日精義深》內容與人擇日造葬作業餘或職業，或教授本書內容作賺取利益，其人若行於正道，則其功德自作，福報自享。

凡用《正五行擇日精義深造》內容與人擇日造葬作業餘或職業，或教授本書作賺取利益，若騙人金錢、取人利益、騙財騙色，其人所作惡事，業報自受，與作者繼大師無關。

祝願各讀者能學以致用，從修德開始，心正則處事無畏，則可使用正五行擇日法，達到趨吉避凶的作用。

繼大師寫於香港明性洞天

壬寅年仲冬吉日

出版《正五行擇日精義深造》說明

繼大師

廿年前，筆者繼大師在著作《正五行擇日精義》系列書籍時，曾經依【清】胡暉撰之《選擇求真》一書撰寫《五行干支宮位飛吊法》，並作詳細演繹及解釋。

此法是用干支依洛書數的排列次序，飛臨各九宮位置，配合人命生年干支，找出生人年命之貴人、祿馬、文昌及文曲等宮位，以定吉凶。

飛吊法有：

飛宮太歲及飛宮流年之「飛宮貴人宮位、飛宮真祿宮位、飛宮文昌宮位、飛宮文曲宮位。」

筆者繼大師舉舊書中之一例，如「甲午」人命，「甲」干年命生人，真祿在「丙寅」，放入中宮，依洛書數順行逆推。

「順行」者，即洛書數在後天宮位內之順排，中宮為5數，乾6，兑7，艮8，離9，坎1，坤2，震3，巽4。

「逆推」者是干支的逆排，丙寅5，乙丑6，甲子7，再逆排六十甲子至癸亥8，壬戌9，辛酉1，庚申2，己未3，戊午4。

若是逢流年戊午（1978年），則「甲午」年命生人之真祿（丙寅）在洛書數4宮位，後天為東南巽宮，於是乎「甲午」年命生人在屋中之東南巽宮位擺放寫字枱，可生旺財祿也，其餘如此類推。

筆者繼大師著作此書後十多年，原本想出版，但在詳細翻看此書內容後，發覺貴人、祿馬、文昌及文曲等宮位雖然可用，唯獨是用干支依洛書數的次序飛臨到各九宮位置的飛宮方法，筆者有些疑惑，不敢苟同，即上述「飛宮真祿」之飛吊法，發覺不合法理。

原因是，所有一切術數，可以說是全出自於《河圖洛書》，祂是中國古代大智慧之書，一切事物均依易經卦象，定出方位及方向後，配合時運，決定吉凶，因此便將此書擱置。

筆者繼大師一再強調，十天干十二地支，只適用於正五行擇日法，配合羅盤廿四山使用；當中有八干、十二地支及「乾、坤、艮、巽」四隅卦，合共廿四山。

依此方位五行擇日，扶山相主；但吉凶始終決定於易盤六十四卦，加上元運及流年干支，定出吉凶尅應的時間，這些都是真實的口訣。

筆者繼大師今重新著作較為深入的擇日法，詳解五行干支的基礎理論，附上日課例子，書名重用：

《正五行擇日精義深造》

但書中所有內容與舊作完全不同，特此清楚說明，以示後學。

繼大師寫於香港明性洞天

壬寅仲冬吉日

第一章至十二章內容說明

繼大師

在正五行擇日法中，天干地支陰陽五行之「生、尅、合、沖」尤其重要，是書前十二章內容是說明擇日之技巧，列出多個例子，在造葬時，避開月全食、土符、楊公忌之煞師日等。並詳細解說干支之陰陽五行關係，在選取日課上，避開凶星，迎合吉星，扶山相主，沒有凶煞，就是吉祥日課。

亦有祭主生人年命干支及「胎元、命宮」的詳細解說，是擇日結婚的重要元素，不可有沖尅，否則影響女方的生育事宜。書中前段部份，內有詳解用中氣計算定胎元的方法，並附上《胎元表》，易看易明。

再來就是「真祿、真貴」，在擇日入伙、造葬安碑、神像開光、安座骨灰等，均可用日課之「祿、貴」來扶山相主，以求達到生旺祭主的財運及人緣。須知人事關係非常重要，有良好人緣，做生意會賺錢，所以有貴人相助是非常重要，然後財祿自來，以致事事順利而趨於發財。

所謂：「驛馬貴人」，就是出外靠朋友，廣結善緣，平安是福。子女讀書求功名富貴，一定要有文昌星，助旺書緣，法律界之法官、律師、議員等，要有文曲星相助。若要有福份，必須要有三德（天德、月德、歲德）吉星照臨。

以上所說，筆者繼大師在前十二章內均有講述，有詳細的解說及求法，並列出多個例子，使讀者易於明白，此乃「**擇日精義之深造課程**」也。

《本篇完》

（一）擇日的技巧——遷葬亡母的日課

繼大師

無論陰宅陽居，在安碑或入伙時間上，因外來因素影響，日期是沒法控制的。例如亡者之執葬，在香港，一般葬棺是六至七年時間，必須執骨遷葬他處。又或者亡者生前選擇火化，日期要視乎火葬場的排隊人數及輪候火化爐之檔期而定。

亡者火化後，若申請政府骨灰龕位，要等待政府在網上發出通告，定出地點及日期，方能申請；若電腦抽籤而得到骨灰龕位位置後，更要在特定時間內安放骨灰。總之手續繁複，很難準確地定出亡者骨灰安座上位的時間。當確定骨灰位的抽籤位置後，更要準確地量度骨灰位的坐向，以定日課，所以在眾多因素下，選取大吉日課，是很有限度的。

在陽居方面，要確定裝修工程完工日期，裝修途中若有修改，或是採用之物料未能預期運到，像新冠疫情蔓延期間，內地與港澳地區未能通關，物料未能準時運來，則工程會延遲。這種種原因，都會影響入伙時間，所以若要選出較好日課，是可遇不可求的。

筆者繼大師現舉一擇日例子及詳述選擇日課的技巧如下：

茲有「辛丑」年男命生人福主，想遷葬「癸酉」年命亡母，碑墳為「酉」山卯向，日期在2022年11月至12月之間，「辛」干福主及「癸酉」亡母，加上「酉」山，福主「丑」支人命亦是金之墓庫土。

適逢「壬寅」年陽曆11月為「辛亥」月，地支「寅、亥」合木，本來「辛」金剋木，會合而不化的，但因日課月天干「辛」生「壬」年天干，為金生水，水可生木，故「辛」金生「壬」水，再生「寅、亥」合木，可轉化也，「辛」金不能直接剋「寅亥」木，故可合化也。

年月已定，其次在選擇日、時干支上，應以屬金之地支為主，可以扶「酉」山，相「辛丑」福主，這是以五行干支而論。「壬寅」年「辛亥」月內，最好選擇人中三奇「壬、癸、辛」，或是地支「辰酉」合金，加強生旺「酉」山、「癸酉」亡命及「辛丑」人命。若以這個觀點而選擇日課，筆者繼大師建議可取日課如下：

（一）2022年11月11日下午六時，日課四柱如下：

壬寅 年
辛亥 月
戊辰 日
辛酉 時

日課以「辰」日支與「酉」時支合金，「辛」時干，祿在坐下「酉」支金，「戊」土日干生金，八個字中，連「辛」月干，共有四金一土，可生旺「酉」山、「癸酉」亡命及「辛丑」人命。

日課本來是可以用的，可惜的是在陽曆 11月8日農曆十月十五下元節為月全食，七日內大事不宜。是日為執日，有「土符」地煞，故不宜落葬。亦因為是「酉」時，冬天下午六時已經天黑，若要用「酉」時，權宜之計，可以在下午五時十五分用事。

擇另一日子為：

（二）2022 年 11 月 16 日下午六時，日課四柱如下：

壬寅 年
辛亥 月
癸酉 日
辛酉 時 （貴人登天門時）

此日課是人中三奇「壬、癸、辛」，「酉」時支為「貴人登天門時」，「辛」干人命之祿在「酉」日、時支上，亦可生旺「酉」山、「癸酉」亡命及「辛丑」人命。是日為「開日」，陽曆11月8日農曆十月十五下元節為月全食，不在七日內，故不受影響。

日課雖然可以用，可惜的是農曆十月廿三為「楊忌」，這日課對負責造葬的地師不利，為「煞師日」之一，若無地師處理，則易沖犯負責落葬之人，故宜避之。因冬天下午六時「酉」時已天黑，故可在下午五時十五分用事。

再擇另一日子為：

（三）2022年11月23日下午六時，日課四柱如下：

壬寅 年
辛亥 月
庚辰 日
乙酉 時

此日課「庚辰」日，「乙酉」時，天干「庚、乙」合金，地支「辰、酉」亦合金，加上「辛」乙干，八個字之中有五個金，「寅」年「亥」月合木，為金之財局，仍可生旺「酉」山、「癸酉」亡命及「辛丑」人命。

此日課本來是可以用的，是日亦為執日，有「土符」地煞，故不宜落葬。若用作陽宅裝修工程的開工日課是可以的，但陰人落葬，容易挑動地煞，故不宜。避免冬天日光短暫，下午六時已天黑，故可在下午五時十五分用事。

筆者繼大師從選取這樣的日課上，發現一個很特別而有趣的問題，我們依干支之正五行去生旺坐山、亡命及祭主人命，以上述各例子為例，當年、月六合成木之後，在這個「亥」月合「寅」年地支中，木氣強盛，若擇於屬金之日、時地支，則地支五行成「金剋木」，剛好又出現「月全食、土符、楊忌」等煞，在此情況之下，筆者繼大師認為可轉換下一個月令干支用事，這較為權宜之法。

擇下個月的另一日子為：

（四）2022 年 12 月 14 日上午十時，日課四柱如下：

壬寅 年
壬子 月
辛丑 日
癸巳 時

此日課天干人中三奇「壬、癸、辛」年、月重複「壬」干，「子」月支與「丑」日支合土，日課「辛」日干之祿在「酉」山、「酉」亡命，及與「辛丑」人命祭主同旺。

日課本身天干兩「壬」一「癸」之貴人在「巳」時，為聚貴人之時辰。可惜的是，單看四柱八字是可以用事的，但當翻查通勝後，是農曆十一月廿一日，為「楊忌」，煞師日也，情況與「例二」相同，故落葬宜避之。

如果擇日者沒有那麼多的耐性及膽大心細，是很容易出錯的，我們擇日的目的，是避開凶煞，趨求吉神，沒有犯煞，就是吉祥。最後筆者繼大師再擇一日課如下：

陽曆 2022 年 12 月 26 日上午十時，剛好是聖誕節 Boxing Day。日課四柱如下：

壬寅 年
壬子 月
癸丑 日
丁巳 時

筆者繼大師分析如下：

（一）日課天干雖非人中三奇「壬、癸、辛」，但日課年、月重複「壬」干，日柱是「癸丑」，「壬、癸」干之貴人在日課「巳」支上，兩「壬」一「癸」三干之貴人全聚於「巳」時支上，為「年、月、日」之聚貴時。

（二）日課「子」月支與「丑」日支合土，大大生旺屬金之「酉」山及「癸酉」亡命。日課「丁」時干之貴人在「酉」山、「酉」亡命支上，「辛丑」人命祭主天干之祿到坐山及亡命「酉」支上，「丑」人命祭主地支與日課「丑」日支同旺。

（三）日課「丑」日支雖與「子」月支「丑」日合土，但同時「丑」日及祭主年命、日課「巳」時、「酉」山及亡命，合成三合金局，雖不算什麼，但都是好的關係。

此日課雖非屬於大大格局，但能生旺坐山、亡命及相主，避開「月全食、楊忌、土符」等煞，沒有犯煞，那就是吉祥。各讀者以為然否！

《本篇完》

（二）細說干支陰陽五行的秘密

繼大師

四柱八字，以天干和地支作為批八字及擇日的符號，很多學術數的人，或會認為干支五行的學理非常膚淺，多有忽視。若深入研究，原來推算吉凶最關鍵的東西，就是用最基礎的理論來演算。

筆者繼大師舉例分析如下：

（一）「乙」命年干生人之祿在「卯」，陽刃在「寅」，那麼若日課地支出現「亥、卯、未」三合木局，以「乙」命年干生人來說，「卯」仍然是他的祿。理論上雖然如此，其實日課中「亥、卯、未」三合木局之力，比起單一「卯」支之力量，其「祿」之份量，大了兩至三倍，這就是一與多的五行力量。

（二）「乙」命年干生人之陽刃在「寅」，若日課地支出現「寅、亥」合木，兩支合了木，那麼在「乙」命年干生人來說，「寅」就不是他的陽刃了，木氣力量倍增，仍然是「乙」命年干生人的祿，因木氣增大兩倍之故。

（三）　若日課地支出現「寅、卯、辰」三會木局，「乙」命年干生人之陽刃在「寅」，「乙」祿在「卯」，「刃、祿」兩者同時出現，那麼「乙」命干生人，應該如何計算呢！

以筆者繼大師的個人見解，既然是「寅、卯、辰」三會東方木局，「乙」年命生人是木，「甲」年命生人亦是木，東方陰陽木氣一同會合，應該加強及助旺木氣才是，那麼在這情況下，「甲、乙」年命生人之木氣，同樣旺盛，就沒有所謂「陽刃」及「祿」的說法了，一同生助木氣，使它旺盛就是，這都是吉祥的。

（四）若日課地支出現「寅、午、戌」三合火局，對於「乙」命年干生人來說，「寅」也不是他的陽刃，而是三合火局，洩「乙」木年命人之氣，這就大有分別了，故擇日選用干支五行時，宜小心處理。

（五）若以「甲」年命干生人，配日課地支「寅、午、戌」三合火局，雖然「甲」祿在「寅」，但三合火局仍洩「甲」木之氣，亦是洩「乙」木干年命人之木氣，故仍不可取用，這是陰陽五行相生相尅之理。

筆者繼大師以上所論，適用於其他干支五行的日課上，舉一反三，如此類推。

在十天干與十二地支中，天干分五陰五陽作天干五合，地支分六陰六陽作地支六合，一般十天干配十二地支而成六十甲子，陽干為：「甲、丙、戊、庚、壬。」陰干為：「乙、丁、己、辛、癸，」但地支稍有不同，陽支為：「寅、辰、申、戌、巳、亥。」陰支為：「丑、卯、未、酉、午、子。」

一般人以為，「子、午」屬陽，「巳、亥」屬陰，事實上是剛好相反的；若錯認地支陰陽，在日課的選取上，則全盤皆輸，此點最為重要，各位讀者宜切記！切記！

在干支配搭上，如「甲子、甲午」，天干屬陽，地支屬陰。如「乙巳、乙亥」，天干屬陰，地支屬陽，其餘各天干配搭均為：「陰天干配陰地支，陽天干配陽地支。」

干支五行中，有單一的五行，有兩個地支的六合而成的另一個五行，更有地支「三合局、三會局」而成一個五行，但唯獨地支沒有三合土，只有地支六合土。筆者繼大師現將各干支五行所屬陰陽分析如下：

以屬金的干支來說：

（一）「申」屬陽金，「酉」屬陰金。「巳、酉、丑」三合金局，「巳陽火」「酉陰金」「丑陰土」為二陰一陽之三合金局。

（二）地支「申、酉、戌」三會西方金局，「申」屬陽金，「酉」屬陰金，「戌」屬陽土，三者同在日課上，而成三會西方金局。

（三）天干「乙木、庚金」合金，以單一天干之五行計算，一陰乙木，一陽庚金，就合成了金，此金陰陽皆包含。

（四）地支「酉金、辰土」合金，以單一天干之五行計算，一陰酉金，一陽辰土，就合成了金，陰陽皆包含其中。

（五）「申金、巳火」合水，「申、巳」同屬陽。陽「申」金，陽「巳」火，就合成了水，這六合水有着「一金、一火」的原素。

以屬木的干支來說：

（一）「寅」屬陽木，「卯」屬陰木。「亥、卯、未」三合木局，「亥陽水」、「卯陰木」、「未陰土」為二陰一陽之三合木局，亦是陰陽皆有。

（二）地支「寅、卯、辰」三會東方木局，「卯」支屬陰木，「寅木、辰土」支屬陽，三者同在日課地支上而成三會東方木局，此局陰陽皆有。

（三）天干「丁火、壬水」合木，以單一天干之五行計算，一陰「丁火」，一陽「壬水」，就合成了木，亦是陰陽皆有。

（四）地支「寅木、亥水」合木，以單一天干之五行計算，陽「寅木」、陽「亥水」就合成了木。

（五）「卯木、戌土」合火，「卯」屬陰木。「戌」屬陽土，就合成了火，這六合火中有着「一木、一土」的原素，亦是陰陽皆有。

以屬水的干支來説：

（一）「亥」屬陽水，「子」屬陰水。「申、子、辰」三合水局，「申陽金」、「子陰水」、「辰陽土」為一陰二陽成三合水局，陰陽皆有。

（二）地支「亥、子、丑」三會北方水局，「亥」支屬陽水，「子水、丑土」支屬陰，三者同在日課地支上而成三會北方水局，因「子、丑」亦合土，兩地支相同，故有「水土同宮」之説。

（三）天干「丙火、辛金」合水，以單一天干之五行計算，一陰「辛金」，一陽「丙火」，就合成了水，陰陽皆有。

（四）地支「亥水、寅木」合木，以單一天干之五行計算，陽「亥水」，陽「寅木」就合成了木。

（五）「子水、丑土」合土，「子」屬陰水，「丑」屬陰土，就合成了土，這六合土中有着「一木、一土」的原素，更因為「亥、子、丑」屬北方三會水局，其中與「子、丑」地支六合土相同，故有「水、土」同宮之説，宜認識清楚，擇日就能更加準確。

以屬火的干支來説：

（一）「巳」屬陽火，「午」屬陰火。「寅、午、戌」三合火局，「寅陽木」、「午陰火」、「戌陽土」為一陰二陽之三合火局，陰陽皆有。

（二）地支「巳、午、未」三會南方火局，「未」支屬陰土，「午」支屬陰火，「巳」支屬陽火，三者同在日課地支上而成三會南方火局，陰陽皆有。

（三）天干「戊土、癸水」合火，以單一天干之五行計算，一陰「癸水」，一陽「戊土」，就合成了火，亦是陰陽皆有。

（四）地支「巳火、申金」合水，以單一天干之五行計算，陽「巳火」，陽「申金」就合成了水。

（五）「午火、未土」合日月，為火生土，火土同宮，「午」屬陰火。「未」屬陰土，就合成了火土，這六合火土中有着「一火、一土」的原素，與三會「巳、午、未」火局其中兩地支相同，故可說是：「火土同宮」，與「亥、子、丑」三會局及「子、丑」六合土局之「水土同宮」原理相同。

筆者繼大師化了很多時間心血去演繹正五行擇日之法，寫此一章，真的費盡心機。以上各種天干地支的陰陽五行，它們的化合非常複雜，讀者宜化多些時間了解熟習，由基礎學起，穩固後便能加以運用，乃至精於正五行擇日之道。

此乃干支陰陽五行最細微的秘密口訣，現筆者繼大師公開給大家研究，歷代名家從未如此詳細論述，此篇宜多看，用心研習，必有所得。

《本篇完》

（三）細說起命宮方法 ── 附例子

繼大師

起命宮方法口訣為「逢卯立命」，筆者繼大師現列出起命宮例子如下：

（例一）陽曆 1980 年 2 月 16 日午時生人，四柱八字為：

庚申 年
戊寅 月
己未 日
庚午 時

起命宮方口訣為「逢卯立命」，以十二地支掌訣求之，以寅月按卯位，昔逢寅月生，故再以子按干地支掌訣之卯位，逆推而行，丑在寅位，寅在丑位，卯在子位，辰在亥位，巳在戌位，午在酉位，故在寅月及午時生人之命宮為「酉」。再以年上起月法求其天干，以庚申年求酉月天干，庚申年起戊寅月，順推至酉月為「乙酉」，命宮為「乙酉」。

（例二）陽曆 1989 年 7 月 30 日早子時生人，四柱八字為：

己巳 年
辛未 月
辛卯 日
戊子 時

起命宮如下：逢卯立命，寅月在卯位，卯月在寅位，辰月在丑位，巳月在子位，午月在亥位，未月在戌位。又以子時在戌位，己巳年起丙寅月，至戌月支為「甲戌」命宮。

（例三）陽曆 1995 年 11 月 21 日辰時生人，四柱八字為：

乙亥 年
丁亥 月
丙辰 日
壬辰 時

起命宮如下：逢卯立命，寅月在卯位，逆推至亥月，卯月在寅位，辰月在丑位，巳月在子位，午月在亥位，未月在戌位，申月在酉位，酉月在申位，戌月在未位，亥月在午位。以子時在午位，逆推至辰時，丑時在巳位，寅時在辰位，卯時在卯位，辰時在寅位。再以年上起月法求其天干，乙亥年正月起戊寅，命宮為「戊寅」。

（例四）陽曆 1997 年 5 月 7 日巳時生人，四柱八字為：

丁丑　年
乙巳　月
己酉　日
己巳　時

起命宮如下：逢卯立命，寅月在卯位，逆推至巳月，卯月在寅位，辰月在丑位，巳月在子位。以子時在子位，逆推至巳時，丑時在亥位，寅時在戌位，卯時在酉位，辰時在申位，巳時在未位，「未」為命宮。再以年上起月法求其天干，丁丑年起壬寅正月，癸卯二月，甲辰三月，乙巳四月，丙午五月，丁未六月，故命宮為「丁未」。

（例五）陽曆 1999 年 12 月 31 日申時生人，四柱八字為：

己卯 年
丙子 月
丁巳 日
戊申 時

起命宮如下：逢卯立命，寅月在卯位，逆推至子月，卯月在寅位，辰月在丑位，巳月在子位，午月在亥位，未月在戌位，申月在酉位，酉月在申位，戌月在未位，亥月在午位，子月在巳位。

以子時在巳位，逆推至申時，丑時在辰位，寅時在卯位，卯時在寅位，辰時在丑位，巳時在子位，午時在亥位，未時在戌位，申時在酉位。故命宮在「酉」，再以年上起月法求其天干，己卯年起丙寅正月，丁卯二月，戊辰三月，己巳四月，庚午五月，辛未六月，壬申七月，癸酉八月，故命宮為「癸酉」。

（例六）陽曆 2001 年 9 月 17 日戌時生人，四柱八字為：

辛巳 年
丁酉 月
癸未 日
壬戌 時

起命宮如下：逢卯立命，寅月在卯位，逆推至酉月，卯月在寅位，辰月在丑位，巳月在子位，午月在亥位，未月在戌位，申月在酉位，酉月在申位。以子時在申位，逆推至戌時，丑時在未位，寅時在午位，卯時在巳位，辰時在辰位，巳時在卯位，午時在寅位，未時在丑位，申時在子位，酉時在丑位，戌時在戌位，故「戌」為命宮。

辛巳年以庚寅起正月，順推至戌月，二月辛卯，三月壬辰，四月癸巳，五月甲午，六月乙未，七月丙申，八月丁酉，九月戊戌，故命宮為「戊戌」。

《本篇完》

（四）詳解中氣計算定胎元方法 —— 附《胎元表》

繼大師

無論在擇日用事或在八字批命方面，一般學術數的人，會計算「胎元」的干支，每個人出生時，母親剛開始懷孕時候的月份干支，名叫「胎元」。

尋找胎元干支，一部份批八字的人，會以為用交節日定出月令干支來取胎元，一年有廿四個節氣。「節」是每個月令干支的分界線，如「立春」日開始就是新一年正月的開始，「驚蟄」是農曆二月的開始，此為之「月令干支的分界日」。

「氣」就是「中氣」，指農曆每個月最中間那一天，如「雨水」是農曆正月中間的一日，「春分」是農曆二月中間的一日。

「節」是月的界線，「氣」是月的中心，在使用定四柱八字的月令干支就用「節」。但使用定「胎元」之月份則用「氣」。

一般懷孕生子，中國人自古至今，均以十月懷胎為期，現代人可能認為太久，其實十月之期是非常合理的，因為古代以28日為一個月，十月就是280日，共40週，為預產期，並非以每月30日或31日計算。對於一些特別情況，例如早產嬰兒，七個月便出生，如許可的話要親自查詢當事人是否早產，以期達到擇日的準確性。

從以下胎元表中可以看見，胎元之月支，必與所屬月將之月支成六合。胎元寅月支與亥月月將合，卯月與戌將合，辰月與酉將合，巳月與申將合，午月與未將合，未月與午將合，申月與巳將合，酉月與辰將合，戌月與卯將合，亥月與寅將合，子月與丑將合，丑月與子將合。

筆者繼大師現列出「計算胎元中氣表」，方便計算，以定出胎元之干支。

正月寅月 ── 雨水 ─ 陽曆2月18至19日
二月卯月 ── 春分 ─ 陽曆3月20至21日
三月辰月 ── 穀雨 ─ 陽曆4月20至21日
四月巳月 ── 小滿 ─ 陽曆5月21至22日
五月午月 ── 夏至 ─ 陽曆6月21至22日
六月未月 ── 大暑 ─ 陽曆7月23至24日
七月申月 ── 處暑 ─ 陽曆8月23至24日
八月酉月 ── 秋分 ─ 陽曆9月23至24日
九月戌月 ── 霜降 ─ 陽曆10月23至24日
十月亥月 ── 小雪 ─ 陽曆11月22至23日
十一月子月 ─ 冬至 ─ 陽曆12月22至23日
十二月丑月 ─ 大寒 ─ 陽曆1月20至21日

所屬月將	中氣	陽曆	胎元
亥	雨水	2月18—19日 至 3月20—21日	寅月
戌	春分	3月20—21日 至 4月20—21日	卯月
酉	穀雨	4月20—21日 至 5月21—22日	辰月
申	小滿	5月21—22日 至 6月21—22日	巳月
未	夏至	6月21—22日 至 7月23—24日	午月
午	大暑	7月23—24日 至 8月23—24日	未月
巳	處暑	8月23—24日 至 9月23—24日	申月
辰	秋分	9月23—24日 至 10月23—24日	酉月
卯	霜降	10月23—24日至 11月22—23日	戌月
寅	小雪	11月22—23日 至 12月22—23日	亥月
丑	冬至	12月22—23日 至 1月20—21日	子月
子	大寒	1月20—21日 至 2月18—19日	丑月

《本篇完》

（五）細説起胎元的方法 — 附例子

繼大師

茲列出胎元例子如下：

（例一）陽曆 1980 年 2 月 16 日 午時，四柱八字為：

庚申 年
戊寅 月
己未 日
庚午 時

胎元之求法，以每月之中氣為分界之月，以月干支之天干進一位，地支進三位。雖在「戊寅」月生，但陽曆 2 月 16 未入正月中氣（2 月 19 雨水），故以「丁丑」月算起，「丁」月天干進一位為「戊」，「丑」地支進三位為「辰」，故胎元為「戊辰」。

（例二）陽曆 1989 年 7 月 30 日 早子時，四柱八字為：

己巳 年
辛未 月
辛卯 日
戊子 時

「辛未」月已過未月之中氣，但又未到立秋，故仍屬未月，天干進一位，地支進四位，故胎元為「壬戌」。

（例三）陽曆 1995 年 11 月 21 日 辰時，四柱八字為：

乙亥 年
丁亥 月
丙辰 日
壬辰 時

起胎元以中氣為分界綫，陽曆 1995 年 11 月 21 日未到小雪，11 月 23 日為小雪，雖在丁亥月出生，但仍以「丙戌」月計算，天干進一位，地支進三位，故胎元為「丁丑」。

（例四）陽曆 1997 年 5 月 7 日 巳時，四柱八字為：

丁丑 年
乙巳 月
己酉 日
己巳 時

陽曆 1997 年 5 月 21 日為小滿中氣，起胎元以中氣為分界綫，故以「甲辰」月計算，天干進一位，地支進三位，故胎元為「乙未」。

（例五）陽曆 1999 年 12 月 31 日 申時，四柱八字為：

己卯年
丙子月
丁巳日
戊申時

陽曆1999年12月22日冬至中氣，12月31日已過冬至日，起胎元以中氣為分界綫，故仍以丙子月計算，天干進一位，地支進三位，故胎元為「丁卯」。

（例六）陽曆2001年9月17日戌時，四柱八字為：

辛巳年
丁酉月
癸未日
壬戌時

陽曆2001年9月23日秋分，以中氣計算屬於處暑中氣之月，此八字於2001年 9月17日生，未到秋分中氣，故以「丙申」月令計算。以月令之天干進一位，「丙」進一位為「丁」，以月令之「申」地支進三位為「亥」位，故胎元為「丁亥」。

《本篇完》

（六）以命宮、胎元的擇日結婚例子

當明白以上兩章「起命宮方法」及「起胎元的方法」之後，現舉一擇日結婚例子如下。

有男女二人，想於二〇二二年尾結婚，各人資料如下：

新郎生於陽曆 1999 年 12 月 31 日申時生人，四柱八字為：

己卯 年
丙子 月
丁巳 日
戊申 時

新郎之命宮為「癸酉」，胎元為「丁卯」，男父於「庚戌」年生，男母於「癸丑」年生。

新娘生於陽曆2001年8月20日辰時，四柱八字為：

辛巳 年
丙申 月
乙卯 日
庚辰 時

因2001年8月21日處暑為中氣，出生月未過處暑中氣，故新娘起胎元以「乙未」月之大暑午將計算。「乙未」天干進一為「丙」，地支進三為「戌」，故胎元為「丙戌」，女命命宮為「癸巳」。男父於「庚戌」年生，男母於「癸丑」年生。女父於「丁未」年生，女母於「癸丑」年生。

首先我們選擇日課要避開正沖各人之生年干支，及男女之命宮、胎元之干支，筆者繼大師現列出主要干支如下：

男年命「己卯」，命宮「癸酉」，胎元「丁卯」，女年命「辛巳」，命宮「癸巳」，胎元「丙戌」。男父1970「庚戌」，男母1973「癸丑」，女父1969「己酉」，女母1973「癸丑」。

因眾多干支要避免沖尅，故擇日宜謹慎。現時香港人流行租酒店房間舉辦婚事，亦可僱用律師在酒店內進行簽署結婚證書儀式。所有日課以簽署結婚證書為主要時辰，其餘是輔助式。

男女雙方上頭儀式的時間為 2022 年 12 月 13 日晚上八時（戌時），日課四柱八字如下：

壬寅 年
壬子 月
庚子 日
丙戌 時

所有日課四柱地支均沒有沖尅以上各人，故不為忌。

現擇於 2022 年 12 月 14 日男方於早上（辰時）七時至九時出門接新娘，日課四柱八字如下：

壬寅 年
壬子 月
辛丑 日
壬辰 時

男新郎可於「辰」時出門，到女家屋處時最好為「癸巳」時，如09:05am接新娘，日課「子」月「丑」日合土，可助旺「辰」支。「辰」時之天德在「壬」干，三個天德及一個歲德，大吉之時辰也，因時間緊湊，要盡量爭取時間做事。「壬辰」時雖然沖女命之「丙戌」胎元，「壬辰」時只是新郎出門，到女家是「癸巳」時，故新娘不忌也。

如時間許可的話，簽署結婚證書儀式在上午10:00時至10:45時（上午九時至十一時，爲癸巳時）註冊。

日課四柱八字如下：

壬寅 年
壬子 月

辛丑　日
癸巳　時

此日結婚註冊日課各地支並沒有沖剋以上各人，天干人中三奇「壬、癸、辛」重覆「壬」干，雖非順或逆排之三奇，總算成格成局。筆者繼大師分折其好處如下：

（一）此註冊日課天干兩「壬」一「癸」之貴人，同在新郎「卯」命支及新娘「巳」命支上。日課本身都「子、丑」月、日支六合土，故「丑」日支不與「巳」時支半三合金，因此「巳」時支與女生年命同旺。

（二）日課本身「辛」日干之貴人在「寅」歲支上，「癸」時干之貴人到本身「巳」時支上，與「壬」年、月兩干之貴人到女命「巳」支上。日課「辛」日干與女命「辛」干同旺。

（三）男命「己」干之貴人到日課之「子」月支上，除了男命「己卯」之五行得不到日課生旺之外，其餘沒有什麼大問題。

此註冊結婚之日課，沒有沖男命宮「戊辰」及女命宮「癸巳」，而「癸巳」與日課時柱相同，助旺女命宮。此日課亦沒有沖女胎元「丙戌」及男胎元「丁卯」，而且日課兩「壬」一「癸」天干之貴人到男胎元之「丁卯」支上，故日課可用。

筆者繼大師認為，在選擇結婚日子上，因要避免與眾多人等的生年、胎元、命宮等干支的沖尅，有時是很難選擇的，能夠擇取趨吉之時辰，避開凶險，就是吉祥的日課，各讀者可以此為例，舉一反三，定能熟習，乃致精於此道也。

《本篇完》

（七）真祿之求法及擇日例子

繼大師

其方法是首先以十二地支放在手掌掌訣之位置上，以天干「甲」放「寅位」，「乙」放「卯位」跳過「辰」，「丙、戊」在「巳位」，「丁、己」在「午位」，跳過「未」，「庚」在「申位」，「辛」在「酉位」，跳過「戌」，「壬」在「亥位」，「癸」在「子位」，便是天干真祿在地支的手掌掌訣位置。

真祿之求法

（例一） 甲之真祿：甲祿在寅，甲年起丙寅月，所以「甲」之真祿在「丙寅」。

（例二） 乙之真祿：乙祿在卯，乙年起戊寅月，順推至卯月為「己卯」，故「乙」之真祿在「己卯」。

（例三） 丙之真祿：丙祿在巳，丙年起庚寅月，順推至巳月為「癸巳」，故「寅」之真祿在「癸巳」。

（例四） 丁之真祿：丁祿在午，丁年起壬寅月，順推至午月為「丙午」，故「丁」之真祿在「丙午」。

（例五）戊之真祿：戊祿在巳，戊年起甲寅月，順推至巳月為「丁巳」，故「戊」之真祿在「丁巳」。

（例六）己之真祿：己祿在午，己年起丙寅月，順排至午月為「庚午」，故「己」之真祿在「庚午」。

（例七）庚之真祿：庚祿在申，庚年起戊寅月，順排至申月為「甲申」，故「庚」之真祿在「甲申」。

（例八）辛之真祿：辛祿在酉，辛年起庚寅月，順排至酉月為「丁酉」，故「辛」之真祿在「丁酉」。

（例九）壬之真祿：壬祿在亥，壬年起壬寅月，順排至亥月為「辛亥」，故「壬」之真祿在「辛亥」。

（例十）癸之真祿：癸祿在子，癸年起甲寅月，順排至亥月為「甲子」，故「癸」之真祿在「甲子」。

十天干真祿表

年干	真祿
甲	丙寅
乙	己卯
丙	癸巳
丁	丙午
戊	丁巳
己	庚午
庚	甲申
辛	丁酉
壬	辛亥
癸	甲子

例子

筆者繼大師舉一日課例子如下：「丙寅」年命生人，真祿在「癸巳」，擇日動工家居裝修，因要遷就裝修工人工作檔期，故只能在陽曆 12 月內進行，日課擇於陽曆 2022 年 12 月 18 日上午十時，日課四柱為：

壬寅　年
壬子　月
乙巳　日
辛巳　時

由於裝修日期的年、月已定，我們只能用日、時干支助旺「丙寅」年命祭主，日課本身年、月有兩個「壬」干；表面上看去是剋「丙」干人命，但因為日課有「乙」日木干，被兩個年、月「壬」干所生，擇日用事以日柱干支為重，雖然「辛」時干剋「乙」木日干，但生助多於受剋，故「乙」日木干仍旺。

「乙」木干生「丙」人命干，「丙」人命干之祿在日課「巳」日、時地支上，半聚祿格，若在「巳」方起修，大吉也。

至於「寅」地支人命，有「寅」歲支及「子」月支助旺，雖然日課「巳」日、時支洩「寅」支人命，兩旺及兩洩，成比和，「丙」干人命聚祿於「巳」日、時支上，故日課可取用。

《本篇完》

（八）驛馬之求法及擇日例子

繼大師

求驛馬之方法，是以年支之三合局所屬而定其五行，沖三合局之長生地支位即為驛馬。

（例一）癸亥年之驛馬：「亥、卯、未」年為木局。以「亥」支為長生，「巳」支為沖長生之驛馬地支位，故「巳」支為癸亥之驛馬。尋「巳」支驛馬之天干，用年上起月法，以「癸」年干起「甲寅」月，推至「巳」月為「丁巳」，所以「丁巳」為「癸亥」之驛馬。

（例二）甲寅年之驛馬：「寅、午、戌」三合為火局，「寅」支為長生，「申」支為沖長生之驛馬地支位。用年上起月法，以「甲」年干起「丙寅」月，推之申月為「壬申」，故「壬申」為「甲寅」年之驛馬。

（例三）己卯年之驛馬：「亥、卯、未」為三合木局，「亥」支為長生，「巳」支為沖長生之驛馬地支位。「己」年以正月起「丙寅」，推之巳月為「己巳」，故「己巳」為「己卯」年之驛馬。

剛逢有「己卯」年命生人，出外移民外國，她並非特別擇日登機，只是偶然順應自己的需求，日子取2022年11月24日，下午四時，日課竟然是「四長生格」。筆者繼大師將其日課四柱列之如下：

壬寅　年
辛亥　月
辛巳　日
丙申　時

一般擇日不取破日、破時，此日課「亥」月沖「巳」日，日支為月破日，日課「丙申」時，與太歲「壬寅」年之干支正是天剋地沖，為歲破時。日課「辛巳」日與「丙申」時，其天干「丙、辛」合水，地支「巳、申」亦合水，「寅」年支與「亥」月支合木，雖然月干是「辛」金，一般來說，金剋木會合而不化，但妙就妙在年干是「壬」，可使「辛」金生「壬」水，水又可生木，故「寅、亥」可合化木也。

此日課不同一般的四長生格，因為在地支的排列次序上，「寅」年與「亥」月支合木，「巳」日與「申」時支合水，是水生木，水木兩者皆旺，這是第一個最好的時辰，四個地支同屬「驛馬」。

第二個較好的時辰是「酉」時，四柱八字為：

壬寅 年
辛亥 月
辛巳 日
丁酉 時

「寅」年與「亥」月合木，「巳」日與「酉」時半三合金，雖然可解「巳」與「亥」之沖破，但半三合金，尅「寅、亥」之合木，「丁」時干回尅「辛」日干，為「五不遇」時。此破日，在通勝內的備註是「醫病、壞垣」及「辛巳金鬥破日」。

但若取其他時辰，那就屬於破日了，因為時支沒有「申」可以與「巳」日六合，又沒有「酉、丑」時支與「巳」日半三合。

綜合所論，「己卯」日在「壬寅年、辛亥月、辛巳日、丙申時」出外旅行或上船外遊都是吉祥的。

《本篇完》

（九）細說真文昌、真文曲之求法

繼大師

真文昌之求法 ── 以生年之天干來定文昌位置。首先熟記十二地支在手掌上的位置，將天干「甲」放「巳位」，「乙」放「午位」，「丙、戊 」放「申位」，「丁、己」放「酉位」，「庚」放「亥位」，「辛」放「子位」，「壬」放「寅位」，「癸」放「卯位」。這是十天干在地支上的文昌關係，「真文昌」者，包括天干地支也。

筆者繼大師列出十個例子如下：

（一）甲年 ──「甲」年文昌位在「巳」位，以年上起月法，甲年起丙寅月，順推至巳月，干支為「己巳」，故「甲」年文昌位在「己巳」。

（二）乙年 ──「乙」年文昌位在「午」位，以年上起月法，乙年起戊寅月，順推至午月，干支為為「壬午」，故「乙」年文昌位在「壬午」。

（三）丙年——「丙」年文昌位在「申」位，以年上起月法，丙年起庚寅月，順推至申月，干支為丙申，故「丙」年文昌位在「丙申」。

（四）戊年——「戊」年文昌位在「申」位，以年上起月法，戊年起甲寅月，順推至申月，干支為庚申，故「戊」年文昌位在「庚申」。

（五）丁年——「丁」年文昌位在「酉」位，以年上起月法，丁年起壬寅月，順推至酉月，干支為己酉，故「丁」年文昌位在「己酉」。

（六）己年——「己」年文昌位在「酉」位，以年上起月法，己年起丙寅月，順推至酉月，干支為癸酉，故「己」年文昌位在「癸酉」。

（七）庚年——「庚」年文昌位在亥位，以年上起月法，庚年起戊寅月，順推至亥月，干支為丁亥，故「庚」年文昌位在「丁亥」。

（八）辛年——「辛」年文昌位在「子」位，以年上起月法，辛年起庚寅月，順推至子月，干支為庚子，故「辛」年文昌位在「庚子」。

（九）壬年——「壬」年文昌位在「寅」位，以年上起月法，壬年起壬寅月，寅月干支為壬寅，故「壬」年文昌位在「壬寅」。

（十）癸年——「癸」年文昌位在「卯」位，以年上起月法，癸年起甲寅月，順推至卯月，干支為乙卯，故「癸」年文昌位在「乙卯」。

基本上文昌的位置，決定於生年之天干所屬，可以算是固定位置，亦可以背熟口訣，或只要牢記着十二地支在手掌上的位置，用掌訣推算，即可知之。

真文曲之求法——以天干來定文曲的位置，將十二地支在手掌上的位置記下，把天干「甲」放「亥位」，「乙」放「子位」，「丙、戊」放「寅位」，「丁、己」放「卯位」，「庚」放「巳位」，「辛」放「午位」，「壬」放「申位」，「癸」放「酉位」。

文曲的位置剛好與文昌成對宮的位置，如「甲」之文昌在「巳」，「甲」之文曲在「亥」，地支在相沖的位置上，很易記憶。

文曲及文昌，其口訣只是純粹是年干與地支之關係而矣，若要求得地支所屬天干，必須以年之天干，用年上起月法再求其天干。

例如「甲」之文昌在「巳」，天干有：「乙巳、丁巳、己巳、辛巳、癸巳」，甲年起丙寅月，至巳月為「己巳」，故只有「己巳」才能是「甲」干之「真文昌」也。

「甲」之文曲在「亥」，天干有：「乙亥、丁亥、己亥、辛亥、癸亥」，甲年起丙寅月至「亥」月為「乙亥」，故只有「乙亥」為「甲」年之「真文曲」也。

例子

（一）甲年 ─ 甲年文曲位在亥位，以年上起月法，甲年起丙寅月，順推至亥月為乙亥，故「甲」年之文曲為「乙亥」。

（二）乙年 ─ 乙年文曲位在子位，以年上起月法，乙年起戊寅，順推至子月為戊子，故「乙」年之文曲為「戊子」。

（三）丙年 ─ 丙年文曲位在寅位，以年上起月法，順推至寅月為庚寅，丙年起庚寅月，故「丙」年之文曲為「庚寅」。

（四）戊年 ─ 戊年文曲位在寅位，以年上起月法，順推至寅月，戊年起甲寅月，故「戊」年之文曲為「甲寅」。

（五）丁年 ─ 丁年文曲位在卯位，以年上起月法，順推至卯月，丁年起壬寅，順推至卯月為癸卯，故「丁」年之文曲為「癸卯」。

（六）己年——己年文曲位在卯位，以年上起月法，己年起丙寅月，順推至卯月為丁卯，故「己」年之文曲為「丁卯」。

（七）庚年——庚年文曲位在巳位，以年上起月法，庚年起戊寅月，順推至巳月為辛巳，故「庚」年之文曲為「辛巳」。

（八）辛年——辛年文曲位在午位，以年上起月法，辛年起庚寅，順推至午月為甲午，故「辛」年之文曲為「甲午」。

（九）壬年——壬年文曲位在申位，以年上起月法，辛年起壬寅，順推至申月為戊申，故「壬」年之文曲為「戊申」。

（十）癸年－癸年文曲位在酉位，以年上起月法，癸年起甲寅，順推至酉月為辛酉，故「癸」年之文曲為「辛酉」。

選取文昌或文曲之日課，輔助學生考試，會有一些助力。文昌與文曲是有分別的，文昌主要是幫助讀書之功名，考取學位、專業文憑考試等。文曲之日課主要是幫助入職時的考試，或約見入職時的面試，或約見升級的考試。若在官場中，以文官為文昌，以法官、律師（法律界）為文曲，武官則以武曲星為主。

但考試日期時間是可遇不可求，人為選取的日課給個人考試的機會是很少的，日課只可作為參考，最重要是個人做好準備，勤力用心讀書及做好事前功夫。

注意：因文昌與文曲的位置是爲對宮關係，故擇日使用文昌或文曲，只可取其中一個。

《本篇完》

（十）真文昌、真文曲之日課例子

繼大師

如有「癸巳」生人，在家中於「壬寅」年在屋中東面「卯」位放設書枱，「癸」年文昌位在「卯」位，以年上起月法，「癸」年起「甲寅」月，順推至「卯」月，干支為「乙卯」，故「癸巳」年生人之文昌位在「乙卯」，故他可在羅盤廿四山「卯、乙」方之文昌位放書枱，書枱坐卯向酉，剛好「癸亥」生人在 2022 年 11 月新裝修完入伙。

日課擇於陽曆 2022 年 12 月 4 日星期日上午十時，日課四柱八字為：

壬寅　年
辛亥　月
辛卯　日
癸巳　時

此日課尚未到 2022 年 12 月 7 日之大雪節氣，故仍屬「亥」月。筆者繼大師分折如下：

（一）一般正五行擇日法中不取破日、破時，此日課取「巳」時，沖月令「亥」支，為沖驛馬，但因在「寅」年支與「亥」月支合木，雖「辛」月干金剋木，表面上合而不化，但因「辛」月金干生「壬」年水干，水再生木，故「寅、亥」仍可化合。

雖「卯」日與「亥」月支半三合木局，但因「寅、亥」合木，故不作半三合木局，只作個別「卯」木支看。地支一片木氣，再生「巳」時火支，故「亥」月支不沖「巳」時支，亦對「癸巳」年命生人不構成威脅，因太歲「寅」木合「亥」，化合後不沖「巳」支，故「寅」支為「巳」支之解神。

（二）日課「壬、癸」年、時天干之貴人在本身日課之「卯」日及「巳」時支上，「辛」月、日干之貴人在太歲「寅」支上。

（三）此日課最貴之處就是天干人中三奇「壬、癸、辛」，地支木旺，助旺文昌位之書枱「卯、乙」方及「卯」山，亦是「癸」命干生人之貴人方，日課用「巳」時，可以構成人中三奇，「巳」時支亦是「癸」命人之貴人。

綜合以上所論，此日課可取也。

真文曲之日課例子

「癸亥」年生人，若在家中擺放文曲位之書抬，「癸」年文曲位在「酉」位，以年上起月法，「癸」年起「甲寅」，順推至「酉」月為「辛酉」，故「癸亥」年生人之文曲位在羅盤廿四山之「辛、酉」方。

「癸亥」年生人在「酉」方「酉」山擺放書枱，日課擇於陽曆2022年12月24日星期六下午六時正，剛好是平安夜，日課四柱八字為：

壬寅　年
壬子　月
辛亥　日
丁酉　時

此日課筆者繼大師分析如下：

（一）日課天干兩「壬」一「辛」，天干金水旺，雖「丁」時干回剋「辛」干，為五不遇時，但因「辛」日干之祿在「酉」時支，「辛」祿亦在「酉」方及「酉」山，「酉」時支亦同氣，為日祿歸時，故仍旺，不怕「丁」時干回剋，「辛」日干可助旺「酉」山方，

（二）日課天干一「辛」兩「壬」，為金生水，水助旺「癸亥」生人年命干支，日課「辛」日干之貴人在太歲「寅」支。

（三）日課「丁」時干之貴人到本身坐下「酉」時支及「亥」日支上。日課年、月兩「壬」干之祿在本身之「亥」月支及「癸亥」年生人命支上，羅紋交貴、交祿格也，「癸亥」年生人「癸」天干之祿在日課之「子」月支上。

此日課之重點是在「辛」日干及「酉」時支上，同屬金，可助旺文曲位也。若此日課取「癸巳」時，即：

壬寅 年
壬子 月
辛亥 日
癸巳 時

雖然天干屬人中三奇「壬、癸、辛」，但「癸巳」時支沖「辛亥」日支，又沒有一柱相隔，日、時支直接相沖，又不生旺文曲「酉」位，故不宜取用。若取「甲午」時，即：

壬寅 年
壬子 月
辛亥 日
甲午 時

雖然為「貴人登天門時」，但「午」時支正沖「子」月支，亦不旺文曲「酉」位，亦不宜取用。故此日課四柱：「壬寅年，壬子月，辛亥日，丁酉時」，可用於「癸亥」年生人在「酉」方「酉」山擺放書枱。這裏牽涉了「日課、人命、方位及座山」，其實已進入風水範圍；使用「文昌、文典」來扶山相主，達到考試後能取得功名，讀者細玩自明。

《本篇完》

（十一）三德之解說及求法

繼大師

三德者：「天德、歲德、月德」，為地支在天干之吉星，找尋三德之法，以天干六合關係，以陽干定五行所屬。筆者繼大師解釋如下：

甲、己——「甲、己」合土，甲為陽木，以「甲」陽木干為主，在地支所屬為「亥、卯、未」三合木局，「未」為木庫，故「甲、己」之年以「未」月為三德齊臨之月。

乙、庚——「乙、庚」合金，庚為陽金，以「庚」陽金干為主，在地支所屬為「巳、酉、丑」三合金局，「丑」為金庫，故「乙、庚」之年以「丑」月為三德齊臨之月。

丙、辛——「丙、辛」合水，丙為陽火，以「丙」陽火干為主，在地支所屬為「寅、午、戌」三合火局，「戌」為火庫，故「丙、辛」之年以「戌」月為三德齊臨之月。

丁、壬——「丁、壬」合木，壬為陽水，以「壬」陽水干為主，在地支所屬為「申、子、辰」三合水局，「辰」為水庫，故「丁、壬」之年以「辰」月為三德齊臨之月。

戊、癸——「戊、癸」合火，戊雖為陽土，但不成局。雖以「戊」土為主，但地支三合中並沒有土局，故「戊、癸」之年並沒有三德齊臨之月。

尋找三德齊臨之月，用天干五合之年，以陽干為主。

(例一) 以「甲、己」年為例：

「甲子、甲寅、甲辰、甲午、甲申、甲戌」年及「己未、己酉、己亥、己丑、己卯、己巳」年，取「甲」陽木干在三合地支之墓庫月，是為「未」月。用年上起月法，起丙寅月，順推至未月為「辛未」，故「辛未」月為以上十二個年份之三德齊臨之月。

（例二）以「乙、庚」年為例：

「庚子、庚寅、庚辰、庚午、庚申、庚戌」年及「乙未、乙酉、乙亥、乙丑、乙卯、乙巳」年，取「庚」陽金干在三合「巳、酉、丑」地支之墓庫月，是為「丑」月。用年上起月法，起戊寅月，順推至丑月為「己丑」，故「己丑」月為以上十二個年份之三德齊臨之月。

（例三）以「丙、辛」年為例：

「丙子、丙寅、丙辰、丙午、丙申、丙戌」年及「辛未、辛酉、辛亥、辛丑、辛卯、辛巳」年，取「丙」陽火干在三合「寅、午、戌」地支之墓庫月，是為「戌」月。用年上起月法，起庚寅月，順推至戌月為「戊戌」，故「戊戌」月為以上十二個年份之三德齊臨之月。

（例四）以「丁、壬」之年為例：

「壬子、壬寅、壬辰、壬午、壬申、壬戌、丁未、丁酉、丁亥、丁丑、丁卯、丁巳」年，取「壬」

陽水干在三合地支之墓庫月，是為「辰」月。「丁、壬」之年，用年上起月法，起壬寅月，順推至辰月為「甲辰」，故「甲辰」月為以上十二個年份之三德齊臨之月。

「戊、癸」年雖以「戊」土為主，但地支沒有三合土，所以「戊、癸」干之十二個年份，沒有三德齊臨之月。即是：「戊子、戊寅、戊辰、戊午、戊申、戊戌、癸未、癸酉、癸亥、癸丑、癸卯、癸巳」。

故今年二〇二三年「癸卯」年並沒有「三德齊臨之月」。

《本篇完》

（十二）天德、歲德與三德齊臨之月的日課

繼大師

三德是「天德、歲德、月德」，當月德在當令的「辰、戌、丑、未」月出現相配的太歲天干的時候，月令當值，則三德全在太歲之天干上。

（例一）如「壬寅」年之「辰」月，陽曆 2022 年 4 月 21 日早上八時正，日課四柱為：

壬寅　年
甲辰　月
甲辰　日
戊辰　時

（一）單以月令計算，「辰」為月支，「壬」干太歲就是「辰」月之「月德」，亦是「天德、歲德」。

（二）這日課中之日支及時支亦是「辰」支，以日支來說，「壬」干太歲就是「辰」日之「天德、歲德」。以時支來說，「壬」干太歲亦是「辰」時之「天德、歲德」。

若修造陰墳安碑「辰」山配以「壬辰」年命生人祭主，則非常恰當。這日課綜合起來，共有七個「天德、歲德、月德」，再加上三個「辰支」的地支三朋格，大大生旺祭主及坐山，非常大好的格局。

（例二）：如「壬寅」年之「辰」月，陽曆 2022 年 4 月 9 日早上四時正，日課四柱為：

壬寅 年
甲辰 月
壬辰 日
壬寅 時

除「辰」月以「壬」干太歲為三德（天德、月德、歲德）之外，「壬」日、時干亦是「辰」日、月支的天德。若安坐「辰」山碑墳，配以「壬辰」祭主人命，以「辰」支來說，日課加起來總共有九個「天德、月德、歲德」，如此類推。

此「例二」日課除「三德齊臨之月」外，天干三個「壬」，亦是「天干三朋格」，地支兩「寅」兩「辰」，正拱「卯」支，為拱格，集三格於一身。適用於「卯、壬」山，其次是「辰、寅」山，相配人命亦如是。

除「戊子、戊寅、戊辰、戊午、戊申、戊戌、癸丑、癸卯癸、癸巳、癸未、癸酉、癸亥」這十二年外，六十甲子之中，其他四十八年均有歲德。因以「戊」陽干為主，地支沒有三合土局，故六十年中，以上之十二年是沒有三德齊臨之月，但選取日課，可用天德補救。

《本篇完》

第十三章至第卅四章內容說明

繼大師

是書後段部份由第十三章開始至第卅六章，內容如下：

（一）日課的尅應：發生事故的日課尅應、土地頭像被打爛的凶事日課、化解怒氣的日課、歲破日月地支的尅應、出書日期與祖師墓穴的坐山尅應、日偏蝕及三會日發生交通意外的尅應。

（二）日課例子，如：結婚日課、新居入伙日課、簽約日課、公司開張日課、執葬日課、喪禮日課、骨灰上位日課。

（三）牽涉風水的擇日口訣，如「安座骨灰龕位的擇日要訣、決定坐向的原則、扶山相主口訣、另類之聚貴格、避開日食月食之天象時刻、廿四山雙山尅應推算法、執葬時屍骨不化的原因、量度骨灰龕大樓坐向的方法及以坐向配日課之方法等。

（四）喜慶日課的例子：開年日課及開年晚飯的日課，結婚日課，癸卯（2023年）流年日課方位吉凶，但為何新人結婚，要避開「雙春兼潤月」之年呢？本書在後段會一一道來。期望各讀者，閱後有所得着。

繼大師寫於香港明性洞天　壬寅年仲冬吉日

（十三）打爛土地公、婆頭像的日課 —— 葵芳天后宮的格局

繼大師

新界葵涌道有一間不起眼的天后宮，位於葵芳地鐵站葵芳閣三座對面馬路，葵涌天后宮只得一層，建在馬路旁邊。據說以前葵涌天后宮前面是海邊，當年香港政府因發展葵涌而填海，使大部份附近的廟宇都遷徙到別處去，剩下來的就只有葵涌天后宮。

天后宮舊稱葵涌芒樹下天后古廟，始創於【清】嘉慶 1796 年，至今 2022 年，已有 226 年歷史了。由於日久失修，於【清】光緒三年（1877 年）由眾善信集資重建。天后宮原本位於海邊的低窪地帶，於六十年代，政府發展葵涌成衛星市鎮，並進行填海，將此廟宇遷至葵涌道路旁，於六六年重建而成。

葵涌天后宮背靠一山丘，後方是麗瑤村，現時（2022 年 10 月）在山崗略平之地上，剛建好一棟丫型公屋，丫字頭正正對着古廟，為古廟的後方正靠。

天后宮位於水口砂處，右方遠處白虎砂是大帽山，為上手砂，左方青龍砂遠處是青衣島，為天后宮

重要之下關砂，亦是天后宮之左方夾耳山，關攔着從右方而來的生氣，前方不遠處是癸盛村之山丘，為天后宮之案山。前方再遠處是荃灣與青衣島之間的內海，正收此海峽之逆水，整個形勢，符合了水口砂作廟之格局。

天后宮正門是對着馬路及行車天橋，近這十年來（2010至2020），香火不算得是鼎盛，聞說得到高人指點，在宮門前建造一幅照壁，牆壁面向天后宮正門，並供奉「天地父母謝恩台」牌位，把前方馬路天橋的煞氣攔截。此壁建成後，善信有所增加，香火略為鼎盛，天后宮正門橫匾為「天后宮」，左右對聯為「秀毓閩中。恩覃宇內。」

不久前，在天后宮之白虎方，新建有臨時兩間小廟，靠近天后宮右方（白虎方）之第一間，供奉天后娘娘之護法「千里眼、順風耳」，第二間則供奉土地公及土地婆。

一般會在地下的位置上供奉土地，這小廟卻供奉在枱桌上。本年（2022年）九月，供奉土地公、婆的小廟，遭歹徒砸爛頭部，主持人低調處理，換了兩尊新的金身，亦不再追究。

在2022年11月21日，天后宮負責人在早上發現新添置的土地公、婆，再次被打爛；警方在現場調查下，在閉路電視所見，於2022年11月20日深夜11時56分，一名男子駕駛私家車停在廟外馬路，落車後快速走到土地公廟前，用硬物將神像打爛，然後返回車上離去，全程約一兩分鐘，閃電犯案後，逃去無蹤。

打爛土地公、婆神像的時間為2022年11月20日，晚上11時56分，為夜子時。日課四柱八字為：

壬寅　年
辛亥　月
丁丑　日
壬子　時

打爛土地廟日課的「寅」年支與「亥」月支，六合化木，日課「月、時、日、」為地支「亥、子、丑」三會水局，三會局之力量非常大，正沖剋「巳」山，加上廟向失元，剛好土地公廟為「巳山亥向」。

日課「丁」日干之陽刄在小廟之「巳」山，雖然一個不為多，但「巳」山被日課「月、日、時」之「亥、子、丑」三會水局之「亥」支所沖尅，力量非常強大，土地公廟正犯此煞，土地神像亦難逃此劫，真是哀哉！哀哉！

「亥、子、丑」北方屬水，所謂：「天生一水」，其頭部被破壞，真是慘哉！筆者繼大師聽聞在台灣各處，在鄉村附近的水流溪澗處，發現很多土地公神像的殘骸，聞說人們去各土地廟求財不遂，老羞成怒之下，找土地公、婆算帳，於是土地公神像成為求財不得之下的犧牲品。

筆者繼大師曾在香港淺水灣近天后娘娘神像側邊的土地廟，見過一幅對聯，茲錄如下：

上聯：**只有幾文錢，你也求，他也求，給誰是好。**

下聯：**不作半點事，朝來拜，夜來拜，教我爲難。**

財神爺的意思是說：我這個財神爺其實也沒有多少財富，你、他及眾人都來求，我能夠給誰呢！這是財神爺的謙虛說話。來求的人，不作半點善事，朝來拜，暮來拜，真的為難了我！

但願天下人離苦得樂，不要把怨氣發洩在神像身上，否則只是自作孽障。

《本篇完》

（十四）適時新居入伙的日課

繼大師

茲有「辛丑、丁丑」人命，新居入伙，擇取大吉日課，屋為艮山坤向，以坐山艮土為主。因遷就裝修工人的工作時間，屋主原先擇於二〇一九年十月四日下午四時動工裝修，開工日課四柱八字為：

己亥 年
癸酉 月
甲戌 日
壬申 時

「申、酉、戌」月、日、時支為三會金局，雖然成格成局，但三會金局洩新屋「艮」山之土氣。因要遷就裝修工人的工作檔期，故擇日地師在同日改擇「午」時動工，祈求開工大吉。日課四柱八字為：

己亥 年
癸酉 月

甲戌 日
庚午 時

日課雖非天上三奇格，而「甲、庚」日、時干的貴人到「辛丑、丁丑」人命地支，「辛」干命人的貴人到日課之「午」時支。「午、戌」時、日支為半三合火局，生「艮」山，「艮山」為坐，「坤山」為門向，可扶山相主，此權宜之法，取「午」時與「戌」時半三合火局，此乃用時之妙法也。。

很快兩個多月時間已過去，裝修工程大約有九成順利完工，還有少部份執漏工程，有待跟進。之後再擇吉日入伙，日課擇於陽曆二〇一九年十二月十八日。日課四柱八字如下：

己亥 年
丙子 月
己丑 日
戊辰 時

「坤」山之五行屬土，日課地支「亥、子、丑」合水局，不過水土同宮，「子、丑」又合土，「丑」日亦助旺「辛丑、丁丑」人命。日課本身「己」年、日干，其貴人到「子」月，「丙」月干之貴人到「亥」年支，為羅紋交貴格之一。「戊辰」時干支屬土，日課所有天干為「丙、己、戊」火生土，土氣大旺坤山。

入伙儀式，是先向「艮」方朝拜，然後順時針方向拜四角，一切順利圓滿，入住不久，其女兒找到一份頗好的工作，總算吉利。

此日課陽曆二〇一九年十二月十八日之後一個多月，人算不如天算，適逢新冠肺炎病毒出現，鄰近大廈很多單位未能及時完成裝修，因中港封關，引致很多物料不能從中國大陸入口，引致阻礙裝修工程進行，影響入住時間，有些單位，屋內頗為混亂，真的不知如何收拾殘局。

幸好此新居入伙日期，適逢其時，此日課雖非頂好，但無意之中，避過一劫，真的「是福不是禍，是禍躲不過！」在選擇吉日之餘，都帶着一些幸運。

《本篇完》

（十五）擇日決定坐向的原則 —— 骨灰擇日上位日課

繼大師

有丙戌年生之男性亡者，安座於某道院骨灰龕位內，由於骨灰倉位之房子略為長方形，入口在長方形略短之一邊，正門向度為坐癸向丁兼子午，並接近界線（向澤風大過卦䷛），而它的骨灰龕位在白虎方，為辛山乙向兼酉卯，接近界線（向山澤損卦䷨），以三合家來說是煞線，但以三元家來說是在一卦內，非屬煞線，是為「假黃泉」線。

雖然骨灰龕之房子正向「丁兼午」位，但是骨灰龕位之坐山是「辛兼酉」山，因以「辛」山居多，雖接近界線，仍以扶助「辛」山為主。亡命「丙戌」，未亡人生於「庚寅」，子女分別生於「丙辰、戊午、辛酉」。

骨灰擇日上位日課，擇於陽曆2014年1月14日（星期二）10：00am為巳時，日課四柱為：

癸巳 年

乙丑 月

乙酉日
辛巳時

日課本身地支「巳酉丑」三合金局，以「乙酉」日為重，雖「辛」時干金回尅「乙」日干，為「五不遇」時，因天干「癸」年干水，生兩「乙」月、日干木，兩木同氣，故不為忌。

因日課本身地支屬金，尅「庚寅」生人，及洩「丙辰」生人之地支土，故兩人須迴避；權宜之計，可在龕堂門口外出等候，毋須入堂內範圍。

「戊午」生人之「戊」干祿在「巳」，故勉強可以接受，「辛酉」人最為適合，「辛」山及「辛」人命干之祿在「酉」日支，金氣大旺，亦助旺「辛」山，似乎此日課是為「辛酉」命人而設。

上位完畢後，一般儀式是，各位人在龕堂門口上香，禮成後便可離去。上位時可預備供品，亡者生前喜歡食品為主，酒、肉、鮮花、生果、香燭及男衣服包等，及預備利給處理儀式的法師道長。

由於當日是「班煞日」（即對地師不利之煞日），故地師或擇日師必須迴避，當日負責擇日上位之道長們，認為日課不好，他們只看通勝日曆上所說的好壞，來判斷日課之吉凶，並沒有配合坐山，此則大謬矣。其實，當此職業者，應該修習正五行擇日法，得一技傍身，不致誤人矣。

日課「巳酉丑」三合金局，大旺「辛酉」年命生人，此日課最適合他，金局配「辛兼酉山」，非常大吉也。亡者「丙戌」年命，日課兩天干乙木生「丙」干火，地支沒有沖破，只不過當日是「班煞日」，地師不出席就可以。

「辛酉」年命生人在內堂負責上位入龕，極為大吉，其餘各人站出龕堂門口外迴避，這是非常恰當的安排，安座儀式舉行之後，「辛酉」年命人，自此之後，工作非常順利及暢順，人緣好，五至七年後升職加薪。此乃日課扶山相主，配合大吉旺向，得旺氣之功效也。

《本篇完》

（十六）安座骨灰龕位的擇日要訣

繼大師

有一家族子女，母親生於庚午年，於二〇二〇年尾逝世，火化後申請在政府屯門曾咀，由電腦抽簽骨灰龕位，其位置近海邊，其建築物像地鐵形的設計概念，並不對稱，大部份位置的方向都不同，風較大。

其中各部份內的位置坐向不同，慶幸地，抽得的位置能見海，向度尚可配合，龕位為「巽山乾向」，有一女兒生於甲辰年，居於海外，基於疫情未能回港奔喪。

欲要擇得吉日，並非單純揀一個好日子就是，首先要出席參加安座儀式的直系親屬人等，將其生年列出，以免日課沖犯，得知亡者及直系親屬人命生年如下：

亡命「庚午」年，父親生於「癸酉」年，子女生年為：「戊戌」年，「庚子」年，「辛丑」年，及移民海外幼女「甲辰」年 ，由於疫情未能回港參禮，故此可以不需理會。

由於上位安座日期時間，要在政府所預定的期限內完成，故只能作有限度的選擇。以筆者繼大師經驗，首先我們要避開地支沖尅各直系親屬生人年命，更能扶山，就是吉日。

亡命「庚午」年，於「庚子」年逝世，是年地支相沖，故已應了凶事，故不忌於「庚午」年安座。其餘不擇「卯、辰、午、未」等地支之日，避開沖尅以上各眷屬人等出生年支，那就可以了。

結果擇於陽曆 2021 年 1 月 6 日早上 10 時安座，四柱日課如下：

庚子 年
己丑 月
甲寅 日
己巳 時

日課「丑月、寅日、巳時」，沖「未、申、亥」支，親屬中並沒有這三類生年命人，日課本身「子、丑」年、月支合土。「己」月、時干與「甲」日干有爭合之虞，筆者繼大師認為，但以「年、月」及

「日、時」各一組合之言，，則「己、甲」日、時干合土較為合理。

日課「庚、甲」年、日干之貴人到「丑」月支，「庚」年屬金，地支「巳、酉、丑」合金，「丑」月為「庚」年之三德（歲德、天德、月德）齊臨之月，為「三德叢集格」，故屬貴局。

龕位為「巽」山屬木，「巳」時支屬火，雖洩「巽」山，但不致於絕，日課中以「甲寅」日之木氣最妙，可以救助「巽」山於一時。各子女生人年命中，「戊戌」年，「庚子」年，均可相配，但以「辛丑」年命生人最好，與日課中之「甲寅」日干支最相配，「辛」干之貴人在「寅」支，「甲」干之貴人在「丑」支，「丑」月又是三德齊臨之月。

在這日課之中，筆者繼大師認為，此雖非大貴大格之局，但避開沖尅出席安座儀式之人的生年，五行有少許同旺坐山，不沖尅坐山，已很足夠，沒有煞到，得吉星來照，就是一個好的日課格局，不知讀者以為然否！

《本篇完》

（十七）出殯日課 ── 另類之「聚貴格」

繼大師

有亡者生於「庚寅」年，卒於 2022 年 6 月 4 日，預計遺體火化，然後申請政府和合石抽簽骨灰龕位。

出殯日期可選擇之時間非常有限，一切要視乎情況而定，決定出殯地點，預卜火葬場及焚化爐，及要預計安放骨灰龕位地點等，如要申請政府抽簽骨灰龕位，並要即時在網上瀏覽，察看地點及申請截止日期，以作打算。

其子女生年有：「丙辰、戊午、辛酉」。我們只要避開本身日課四柱中地支及對參禮親屬人等之沖破。由於並非落葬或安座靈位，故沒有坐向，日課只「相主」即可。最初擇於陽曆 2022 年 7 月 12 日星期二，中午 12 時正（11:00 至 13:00）日課四柱為：

壬寅 年

丁未 月

丙寅 日
甲午 時

此日課忌屬「猴（申）、牛（丑）、鼠（子）」生年命人現場參禮，若要出席，敬請迴避，子女「丙辰、戊午、辛酉」地支並沒有相沖。

筆者繼大師分析如下：

（一）日課「寅、午」日、時支半三合火局，雖尅「辛酉」金人命，但日課有「丁、丙」月、日干之貴人到「酉」命支，日課「未」月木庫屬土，可生旺「酉」金命支於一時，不致全處於絕地，故勉強仍可取用。

（二）日課「寅」年、日支與亡命「庚寅」同旺，日課「壬、丁」年、月干合木，及「甲」時干木，生旺「丙」日干，「甲」時干之祿在「寅」年、日支與亡命「庚寅」支上，日課木火大旺，日課日、時地支半三合火局生旺「戊午」及「丙辰」人命，日課五行及貴人均相配各眷屬人命。

由於子女認為遺體不應存放太久，應盡快火葬，故提前出殯，最後選擇的日課為陽曆 2022 月 6 月 30 日星期四，早上 10 時正舉行儀式（09:00 至 11:00 巳時）日課四柱為：

壬寅 年
丙午 月
甲寅 日
己巳 時

此日課忌屬「猴（申）、鼠（子）豬（亥）」生年命人出席，因為「甲、己」日、時干合土，雖「寅」日之木地支來剋，因「寅」日之木地支生「巳」時火支，而再生「甲、己」干合土，故不為忌，可合也。

同時，「甲、己」干合土更生旺「辛酉」人命，「辛」命干之貴人全在日課之「寅」年、日支及「午」月支上，為另類之「聚貴格」。

月令中氣屬夏至，「未將」當道，「甲」干日之貴人登天門時在「巳」時，真是福人用福時，其子女真是福至心靈，比初選之日課還要好，或因子女孝順善良所致吧！真是福有攸歸，但願舉行出殯儀式，一切順利圓滿。

《本篇完》

（十八）扶山相主之安座骨灰龕位日課

繼大師

現時香港人口老化，人口有下降趨勢，出生與死亡人數相若，死後難以找到理想的骨灰龕位。有一亡者，家人由電腦抽籤了政府的骨灰龕位，為巳山亥向兼巽乾，以「巳」山為用。

亡命生於「丁酉」年，未亡人為「乙未」年命，長子及媳婦為「癸亥」年生，二女及女婿為「乙丑」年命。想擇於在 2021 年辛丑年 3 至 4 月，在星期一至星期五之間。

適逢農曆四月（辰月）二黑、五黃到「辰巽巳」方，陽曆三月「辛卯」月又沖「丁酉」亡命，「巳」月又沖兩位「癸亥」人命。還有月食，發生於陽曆五及六月，前後七日，共十三日大事勿用，日期為陽曆 5 月 20 號至 6 月 1 號，及 6 月 4 號至 6 月 16 號。

避開所有凶星，日課擇於陽曆 2021 年 5 月 14 日星期五 12:00Pm，農曆四月初三。日課四柱為：

辛丑年
癸巳月
壬戌日
丙午時

日課「壬癸辛」人中三奇格，加上有解神，化解紫白五黃年星到坐山。是日為「執日」，當日吉星有「解神、玉宇」等。因「癸巳」月沖「癸亥」生人地支，故「癸亥」生人需要回避。

「乙未」人又沖太歲。不過沖太歲應了未亡人做喪事，故凶事已應，可以出席。但「乙未」人離遠一些觀看儀式較好，免得她傷心，因「乙未」未亡人很驚慌，連確認遺體都怕，故應隨她意思。

全個日課「辛丑年，癸巳月」地支半合金局，天干金水，「壬戌日、丙午時」，地支半合火局，除「壬」日干屬水外，其餘日、時支全屬火，地支日、時半三合火局，剋年、月支半三合金局。

妙就妙在「戌日、午時」，因安座骨龕為「巳山」，屬火，可生旺及扶山，加上日課「壬癸」之貴人到「巳山」，故可取用。「丁酉」亡命，合「丑、巳」年、月支三合金局，雖火來剋「酉」金命，但有「丑、巳」支助旺，日課「丙」干之貴人到「酉」亡命。

綜合以上所論，日課雖不能全旺所有出席安座之眷屬人等，但沒有沖尅，有「三奇、解神、玉宇」等吉星，可化解紫白五黃年星到坐山之凶煞也。

《本篇完》

（十九）結婚日課擇日課例 —— 避開日食月食之天象時刻

繼大師

茲有男女新人擇日結婚，想擇於二〇二三年陽曆八月以後結婚，選擇在星期六，並希望註冊及擺酒能夠在同一日舉行。現筆者繼大師列出資料如下：

男家父庚寅年生，男家母乙未年生。

女家父及女家母同於丙午年生。

新郎丁卯年生，新娘戊辰年生。

選擇結婚日課，一般要在結婚日約前一個月，另擇一日過大禮，若主家沒有特別要求，通常註冊及擺酒是在同一日進行。另外在結婚日前一天晚上，通常新郎新娘會有上頭儀式舉行，這些用事時辰，也應一併要考慮是否對當事人有所沖尅。

根據上列資料，選擇過大禮日期如下：

陽曆2022年10月17日星期一早上10點。日課四柱：

壬寅 年
庚戌 月
癸卯 日
丁巳 時

日課「庚戌」月支沖新娘「戊辰」生年，因此以權宜之法，故取「癸卯」日，「戌」月支與「卯」日支合化火而生「辰」土使「戌」月支不沖「辰」命支，「卯」支為「辰」命支之解神也。

「壬」歲干及「癸」日干之貴人到日課本身之「卯」日支及「巳」時支，亦到新郎之「丁卯」年命支。日課除避開沖尅新娘之外，本身並沒有沖尅各當事人，亦因過大禮並非結婚註冊之日，故此日課是可以用的。

一般男女方上頭儀式，會擇於結婚前一晚，男女上頭日期為陽曆 2022 年 11 月 25 日星期五 10:00 Pm（22:00）日課四柱為：

壬寅 年
辛亥 月
壬午 日
辛亥 時

此日課本身之「辛」月、時干，其貴人到「寅」年支及「午」日支，「壬」年、日干之貴人到新郎「丁卯」年命支，天干「丁」人命之貴人到日課之「亥」月、時支。

此日課若然是「庚戌」月的話，亦不沖「戊辰」女年命支，假若是寅年，戌月，午日，地支「寅、午、戌」三合火局而生「辰」土，筆者繼大師認為，這並不構成沖剋「戊辰」女命地支。在選擇時辰中不用「戌」時而用「亥」時，避開沖剋女命「辰」支。

男女上頭翌日，就是結婚及註册日期之同一日：

（一）陽曆 2022 年 11 月 26 日星期六 8：00 am 新郎哥出門接新娘。日課四柱：

壬寅 年
辛亥 月
癸未 日
丙辰 時

（二）陽曆 2022 年 11 月 26 日星期六 12：00 Pm（中午）正式舉行結婚註冊儀式。日課四柱：

壬寅 年
辛亥 月
癸未 日
戊午 時

結婚註冊日期最為重要，筆者繼大師分析如下：

（一）此日課為天干人中三奇「壬癸辛」，「壬、癸」之貴人到新郎「丁卯」年命地支。

（二）日課本身「辛」月干之貴人到「寅」歲支及「午」時支，「寅」歲支與「亥」月支合木，雖有「辛」月干來剋木，但「壬」歲干轉化為金生水再生木，「亥」月支藏「壬、甲」，「壬」水透出，故「寅、亥」仍可合木。

（三）「寅、亥」年及月支合木，生「未、午」日及時支合日月，為木生火，新郎「丁卯」年人命，天干「丁」火，地支「卯」木，故不為所洩。「癸」日干與「戊」時干合化火，大大生助新娘「戊辰」土人命生年。

同日 4:00pm（16:00）可以到酒樓準備一切，晚上飲宴。日課四柱：

壬寅　年
辛亥　月

癸未　日
庚申　時

「庚申」時雖是歲破時，但「寅」年「亥」月地支合木，故不沖「申」時，而剛好「申」時，為小雪「寅將」當令，「癸」日「申」時為「貴人登天門時」，六煞被制，大吉大利之日課。

選擇此日子比較困難，因為在新冠病毒之下，疫情是未知之數！擇在星期六假期來說，是可遇不可求。亦要注意是否有日蝕現象，因為「壬寅」年有日偏食、月全食等天象出現，在前七日後七日內，大事勿用，前後十三日，日偏食及月全食之十三日內，剛好中間只隔一日，其覆蓋範圍在 2022 年 10 月 19 日至 2022 年 11 月 14 日，差不多整整一個月。

故擇日嫁娶，細節亦要留意，以此原則，舉一反三，定能精準地選取良辰吉日作嫁娶，期望疫情穩定下來，婚禮可以如期舉行！祝一切順利圓滿，如意吉祥。

《本篇完》

（二十）擇日安碑的急迫日課

繼大師

有一男士，其父親已經下葬約兩年，他剛剛收到安碑公司通知他家父石碑已經做好，並打算擇日安碑，因為時間非常急迫，日課頗難選擇。其資料如下：

亡命 ── 辛未（1931）

祭主 ── 辛丑（1961）

碑壙是「巽山 ── 乾向」

剛好冬至將近，而本年的日食出現在陽曆 2019 － 12 － 26 星期四，前七日及後七日不能用事，即是由 2019 年 12 月 20 日至 2020 年 1 月 1 日，這 13 天內不能擇日安碑，所以擇日用事的時間不多。

在**《相地指迷》〈卷之二〉〈天元歌五章〉**（武陵出版社出版，第 62 頁）云：

「世人尅擇重干支。生命亡命苦相持。致使子孫沖犯衆。多年不葬孝心違。」

因安葬已多時，此擇日安碑造葬時間已不能再等了。〈**天元歌五章**〉（第69頁）又云：

月逢晦朔俱爲福。何必蟾光三五圓。但忌陰陽當薄蝕。

七日之內勿爭先。太白晝現經天日。難忌洪災恩大權。

筆者繼大師解釋這段文章說明是，擇日于初一及十五俱為福，日食或月食之七日內大事勿用，「**太白晝現經天日**」是指金星凌日，即是金星出現於太陽之側，有欺凌太陽之意。

由於2019年12月26日是日蝕，雖然在香港見日蝕的時間是由午時正一刻，經過未時三刻八分，至復圓為申時初一刻五分，但若擇日用事，則要避免沖尅，以免招致凶險。

由於日食之前後七日內大事勿用，所以由2019年12月20日至2020年1月1日，這13天內不能安碑。所擇日課如下：

2019－12－18（星期三）下午4:00 Pm，是日為除日。安碑日課四柱為：

己亥 年

丙子 月

己丑 日
壬申 時

筆者繼大師分析這日課的好處如下：

(一) 地支「年、月、日」三會「亥、子、丑」水局，水生旺巽山（巽山五行屬於木）。

(二) 本身日課「己」年、日干之貴人到「子」月支及「申」時支。

(三)「己丑」日同旺「辛丑」人命。因為「亥、子、丑」合三會水局，故不忌沖「辛未」亡命。但若亡命為「午」則大凶矣！

其實，安碑日課只要避開一切時煞及日食天象的剋應，坐山、祭主及亡命沒有沖剋日課，就能一切吉祥，當然其碑墳之向度一定要當元，這會更加圓滿。

非常不幸，當日收到一則新聞，粉嶺公路在 2019 年 12 月 18 日下午 4 時許，剛好就在這個時辰（己亥年、丙子月、己丑日、壬申時）發生嚴重交通意外，一輛九巴 978 線沿上址東行駛至近松柏塱時，當時有泥頭車突然切線，肇事車長扭軚閃避，結果巴士不幸撞到路旁大樹釀成慘劇，上層左邊車身被劏開，有乘客被拋出車外，據報現場逾 40 人受傷，後證實六人死亡！

非常遺憾，聽到這個消息，實在令人可憐又可悲，那會這麼湊巧的，同一個時辰，同一區域，相同的時辰八字，除了可以令人生旺之外，但原來亦可以是發生災難的時間，對於某些人是吉，對於某些人是凶，不能一概而論，一個安碑，一個交通意外，阿彌陀佛，一切都有因果乎！

《本篇完》

（廿一）庚子歲開年的日課 —— 流年天剋地沖

繼大師

每逢農曆新年，一般人都想擇個日子開工，祈求來年工作一切順利，但要配合人命生年，合用的日課不多，好的日課有可能在春節假期內。

適逢來年「庚子」太歲，有「丙午」年生人，剛好流年天剋地沖，為沖太歲之年，但今年的農曆年，還在「己亥」太歲內，因為 2020 年 2 月 4 日立春，此日之後就進入「庚子」年，但民間以農曆正月初一為一年之開始，故在正月初一至立春日這段時間內，還有一些空隙的日課可供選擇。

此人自知來年沖太歲，於是擇日於年初四「午」時開工，在香港雖然仍是公眾假期的最後一日，但他只是回公司坐一坐，象徵工作開始，取其意頭，用此日課旺一旺自己。

「丙午」年人命，配合坐「丙」山之工作枱，日課擇於 2020 年 1 月 28 日星期六，日課四柱為：

己亥 年

丁丑 月

庚午 日
壬午 時

此日課看似平凡，但若細心留意下，以日課本身來說，定會發現出有很多好處。筆者繼大師分析如下：

（一）「己」年干、「丁」月干之祿在「午」日支及「午」時支。

（二）日課「丁」月干、「丙」年命生人及「丙」坐山工作枱的天干貴人在「亥」年支上，日課「庚」日干之貴人在「丑」月支上，「壬」時干之祿在「亥」歲支上。

（三）日課日、時之「午」支與「丙午」年命生人相同，因為「丙午」同氣，故不以「丙」干人命之陽刃到「午」論。

日課天干與地支的關係密切，是「羅紋交貴格」，雖然日課大吉，但不要忘記開工之年是以「庚子」年為太歲，因為開工日課未過立春日，所以仍然屬於「己亥」年干支。

當「庚子」年踏入「巳」月「立夏」日之後，即新曆五月五日後，為「辛巳」月，正沖日課「己亥」舊太歲，筆者繼大師認為此開工之日課在「辛巳」月後將會失去作用，因新的一年以「庚子」為太歲。

擇這樣的日課，真的有些矛盾，但可以在適當時候再一次在「庚子」年擇上一個新的日課，使更加圓滿，一切吉祥。至於此「丙午」年生人，為了避開流年太歲之沖尅，故用此權宜之法，世上沒有十全十美的事，真是命運的安排也。

後來「丙午」年命生人入院住了一年，幾乎喪命，因膽石手術引致胰臟發炎，要洗腎及換血，慶幸買了私家醫院住院保險計劃，住了一年多醫院，歷盡辛酸，保險費多達 750 萬。他平時樂善好施，放生修福，皈依真佛，得活佛上師加持，否則命送黃泉。

出院後得老女中醫調理身體，大半年後，開始漸漸復原，再過半年後，回復原有崗位工作，真是不幸中之大幸。所以不是單單擇一個日子開年，就可以全年無風無險，一切都是命運之所使，數之不可逃也。

《本篇完》

（廿二）歲破日月地支的尅應

繼大師

今天是2020年陽曆7月10日，香港政府在早前公佈，由於新冠狀病毒疫情已經放緩，全港學校由2020年陽曆5月27日起分階段復課，中三至中五學生先行。陽曆5月27日其日課四柱是：

庚子 年
辛巳 月
庚午 日
庚辰 時

是日「庚午」日沖「庚子」年太歲地支，為「歲破日」。繼而小四至中二學生相繼於陽曆6月8日復課，其日課四柱是：

庚子 年
壬午 月

壬午 日

甲辰 時

這日是「壬午」日沖「庚子」年太歲地支，為「歲破日」，又在「壬午」歲破月內，太歲與月、日之地支相沖。

教育局較早前又宣佈幼稚園K3至小三學生再於6月15日復課，其日課四柱是：

庚子 年

壬午 月

己丑 日

甲辰 時

「己丑」日之「丑」支不能與太歲「子」支合，被「壬午」月所阻隔，「己丑」日雖然並非破日，但在「壬午」之歲破月內用事，筆者繼大師認為是次一等之「破」。

2020年7月9日至7月10日為全港小六生中一註册日，事有湊巧，陽曆7月9日其日課四柱是：

庚子 年

癸未 月

癸丑 日

丙辰 時

當日是月破日，「癸未」月沖「癸丑」日，可幸的是「庚」年干的貴人在「丑、未」支上，為「歲貴」。

香港教育局已於7月10日上午宣佈，由於疫情關係，全港中小學又要開始停課了。歲破日全港開學，結果因疫情關係而要停課，破日開學，果然出現諸事不順的現象。

下星期一開始（2020年7月13日），全港中小學開始放暑假。其日課四柱是：

庚子年
癸未月
丁巳日
甲辰時

開始放暑假的日課，已經不再是「歲破、月破」日了，「癸未」月之天干，其貴人在「巳」日支上，這個暑假放得安心及長久一點吧！筆者繼大師看來看去，教育局於無意之間，擇於「歲破、日破、月破」用事，它所產生的尅應，結果都是不理想的，似乎一切都有安排！

《本篇完》

（廿三）開年晚飯的日課

繼大師

由己亥年十二月尾至庚子年正月初一開始，中國武漢發生肺炎瘟疫，然後擴散至全中國包括香港、澳門及全世界，人心惶惶，怕被傳染，人人出街都要戴口罩。

陽曆一月初，一班朋友約了二月頭吃開年飯，酒樓包廳，兩圍菜式，一切已經訂妥，日課四柱為：

2020 年 2 月 9 日（星期日）

庚子 年
戊寅 月
壬午 日
庚戌 時

本身日課為日值歲破，本來是不理想的，但因為是星期日，方便大家假期，亦沒有注意日課的四柱干支；後來武漢肺炎發生，筆者繼大師始翻查此日課的四柱，發覺原來是歲破日，未必能如期舉行。

結果原本兩圍枱，但因人人恐懼疫症蔓延，結果最後開得一圍，晚飯沒有取消，已經是萬幸了，很多酒樓受了此次疫症的嚴重打擊，生意一落千丈，結束營業的仍然有很多，香港真是禍不單行，一波未停，一波又起。

晚飯時間為晚上七時半，剛好踏入「戌時」，地支「寅月」、「午日」，為「寅、午、戌」火局，雖日支被「子」年太歲衝尅，但因三合火局，亦不為忌也。

筆者繼大師發覺晚飯日課雖然是破日，但仍然可以使用，對這個時辰來說，太歲「子」支對「午日」起不了作用，加上是「戌時」，合火局後，不怕歲支「子」水來沖，因為火局支多勢眾之故，「午」日支又被「寅」月支所阻隔，力量減弱。

其中出席之人命中有「未、丑」年之人，是日課「庚」年、時干及「戊」月干的貴人所到之命支。另「寅、戌、」命人亦不為忌。

本來一般的晚宴，日課不需要作出特別的選擇，但在疫症蔓延的環境下，為了避開疫症的傳播，亦可作出防範性的選擇。若日課不是太差的話，聚餐的人，其感染的機會甚微，不需害怕，但求安心而矣。

當晚酒樓，大廳全部數十圍枱空置，生意得一至兩成，只有四至五個房間包廳，生意之差，真是慘不忍睹！當晚聚餐一切圓滿，如意吉祥！

《本篇完》

（廿四）結婚避開雙春兼潤月的庚子年

繼大師

有朋友之兒子已經拍了拖四、五年，並準備結婚，新郎生於 1990 年「庚午」年，新娘生於 1989 年「己巳」年，男方家長好希望他們早些結婚弄孫，女方父母家長是廣東河源人，想不到他們卻說要 2021 年才可以舉行婚禮。 朋友問我何解，筆者繼大師解釋如下：

2019 年「己亥」年太歲沖女方「己巳」生年，2020 年「庚子」年太歲沖男方「庚午」生年，最快都要 2021 年「辛丑」年才能舉行婚禮。

從 2019 年 6 月中開始，香港動亂從未平息，影響婚禮進行。2020 年「庚子」年，太歲虞超，歲破在「午」山，又名「大耗」，三煞在「丙、午、丁」南方，劫煞在「巳」山，歲煞在「未」山，七赤流年紫白年星「七赤」入中宮，年紫白五黃到震宮「甲、卯、乙」三山。

由於今年「庚子」農曆年有兩個立春日，一個在農曆正月十一（陽曆 2020 年 2 月 4 日），另一個在農曆十二月廿二（陽曆 2021 年 2 月 3 日），在農曆四月，因無「中氣」出現，故四月為閏月。

今年「庚子」年為雙春兼潤月，如果在 2019 年間選擇 2020 年結婚的人，本以為是大好時年，誰知因為冠狀病毒感染全球，所有食肆、經濟、工作以致民生均受到嚴重影響，參禮結婚的人也容易受感染，若一不小心，就會帶來很大的麻煩。

以 2020 年來說，若單看雙春兼潤月去決定這是好時年，那就碰壁了。有時，這是日課以外的問題，誰人算得出這些天災人禍呢！現在是年頭，但願年中過後，疫情有所轉變，若以庚子年計，其月令干支如下：

庚子　年——戊寅　月
庚子　年——己卯　月
庚子　年——庚辰　月（半三合水局）
庚子　年——辛巳　月
庚子　年——壬午　月（破月）

庚子年 — 癸未月

庚子年 — 甲申月（半三合水局）

庚子年 — 乙酉月

庚子年 — 丙戌月

庚子年 — 丁亥月

庚子年 — 戊子月

庚子年 — 己丑月（六合土局）

至2020年4月1日止，全球感染冠狀病毒累積至861114人，死亡人數為42385人，甚為嚴重，相信要過了未月（未月在陽曆2020年8月7日至9月7日）後疫情始能有所變化，但願一切很快回復正常。

God bless the world!

《本篇完》

（廿五）日課另類的尅應

繼大師

於2020年（庚子）陽曆七月中，在葵涌區的葵俊苑某座（葵×閣）五樓一單位內大火，據說是戶主34歲女兒因自殺而死，這則新聞令人感到不安及遺憾。但在發生大火的時間，並非破時、破日或破月，火災於早上06:47起火。筆者繼大師將其日課四柱列之如下：

庚子　年
癸未　月
癸亥　日
乙卯　時

論起此日課，其月、日、時為「亥、卯、未」三合木局，歲支「子」水生旺木氣，太歲天干「庚」金生月、日之「癸」水天干，再生旺「乙」木時干，總括來說，此日課木氣極旺。

大凡日課八字的五行，未必合五行中之任何一局就是吉課，遇事者應該是「丙寅」年生，這出事之日課，與以「丙寅」干支的五行來說，木生火及同旺木，均非常生旺遇事者之生年干支，據說是自殺的，可能與她的八字忌木火有關。

這是以人命生年干支與出事時間的尅應而論，屬於擇日範圍。若要更深一步瞭解，相信一定與當事人的出生八字有關，當是個人命運。

日課的尅應，一般以屋之坐向干支為推算出事時間的指引，出事單位門口向「戌」，窗口向「辰」，與出事的時間並不太吻合，只是「卯時」生火，「辰時」遇險吧了！

至於出事的地區、屋苑及大廈名稱來說，真的非常巧合，筆者繼大師分析如下：

（一）在「葵涌區」「葵俊苑」「葵×閣」，在「癸未」月「癸亥」日發生，地點名稱的「葵」，與日課之月、日天干「癸」，剛好相同，只相差了草花頭吧！

（二）日課之月、日、時支為「亥、卯、未」三合木局，整個出事的日課，為金生水，水生木，木生火，木氣最為猛烈，大大生旺「丙寅」木火之干支，剛好又是發生火災。

筆者繼大師並不希望有這種事情發生，在佛教教義來說，自殺是即是殺佛，因為眾生皆有佛性，來世想超生，是非常困難的，相信自有其因果。

這種日課的尅應，筆者繼大師從未見過，這是另類的一種尅應，願天下之人，珍惜生命，愛護自己及他人。

《本篇完》

（廿六）簽約的日課

繼大師

無論在生意上的買賣合約、屋契合約，或在任何情況下的簽約，選擇適當的時間，用日課助旺自己，期望得到預期的效果，使一切順利圓滿，這是理所當然的事。使用正五行擇日法，選擇有利的時辰，可以減少風險，這就是學習中國五術的好處。

有一宋太，丙午年生，想簽樓宇單位買賣合約，為了簽約順利，於是自選一日，給擇日師傅過目鑒證。

日課擇於 2022 年陽曆 6 月 17 日，時辰未定，需要配合地產經紀及賣家。筆者繼大師分析一下該日各時辰的干支如下：

日課三柱為：

壬寅 年
丙午 月
辛丑 日

一般工作時間為朝九晚六，但亦可彈性處理，「辛」日干起「戊子」時（早子時），

07:00 — 09:00 壬辰時

09:00 — 11:00 癸巳時 — O（人中三奇格局及貴人登天門時）

11:00 — 13:00 甲午時

13:00 — 15:00 乙未時 — X（日破時）

15:00 — 17:00 丙申時 — X（歲破時）

17:00 — 19:00 丁酉時

19:00 — 21:00 戊戌時

21:00 — 23:00 己亥時

首先「寅」年不取「申」時，為歲破時，「丑」日不取「未」時，為日破時。其餘時辰可看日課是否有格局。今三柱中有「壬」年干、「辛」日干，在「人中三奇格局」中已有兩干出現，若是「癸」時干，就是「人中隔干三奇」格局，剛好 9:00 – 11:00 為「癸巳」時，日課四柱為：

壬寅 年
丙午 月
辛丑 日
癸巳 時

其好處分析如下：

（一）日課「辛丑」日之「辛」干，其貴人到福主「丙午」命支，又到日課本身的「寅、午」年、月支上。

（二）「丙午」月與人命之干支同氣，及「人中隔干三奇」格局，可助旺福主。

（三）查陽曆5月21日早上9時23分交「小滿」，為農曆四月中氣，至陽曆6月21日「夏至」，「小滿」之月令為「申將」，陽曆6月17日「辛」日之「貴人登天門時」在「巳、丑」兩時辰中，剛好「巳」時是簽約之時辰，真是可遇不可求也。

查「壬寅」年陽曆5月16日為月全蝕，大事勿用，但香港地區不見，月全蝕前七日及後七日日期為：「陽曆5月10日至5月22日」共13天，不在簽約日期之內，故此日課可用。簽約只是時間上的配合，不涉及方位坐向，故無須考慮扶山，相主已足夠了。

雖然日課已定，一切還要在人事上常配合，若能爭取到在這時辰內簽約，得到日課的助力，必定有利於買賣相方及經紀等人，一切都會圓滿。

結果買賣順利，買到心儀的陽宅。

《本篇完》

（廿七）出書日期與祖師墓穴的坐山剋應

繼大師

筆者繼大師在廿年前（二〇〇二年壬午年）已著成，《風水祖師蔣大鴻史傳》一書，今再重新搜集更多資料，添加內容，加上數頁彩圖，使蔣氏個人史實更加詳盡。新加資料有：

「《蔣大鴻先生墓圖》葬地解說（作者繁章靜，師承咨岳先生，咨岳即榮錫勳，為榮智健的祖先，會稽省人）、蔣大鴻家族資料、蔣氏詩詞合集《支機集》、蔣大鴻輯訂《續水龍經總論》、蔣大鴻出生八字考証及出生地「華亭 ── 張澤鎮」歷史等。」

事有湊巧，蔣氏生前囑咐門人把它葬在自卜之穴地上，地點在紹興若耶樵風涇，林家灣與林家匯之間，名「螺螄吐肉形」，墓穴為「壬山向丙」。筆者繼大師在「壬午」年第一次出版蔣氏史傳，因「丹青出版社」已結業多年，已成絕版。今年「壬寅」歲（二〇二二年），筆者繼大師再次發行，亦同時將蔣氏所註之《地理辨正疏》重新整理、校對及註解出版，由榮光園出版有限公司印製，在今年內（二〇二二年）公開發售。

關於出版蔣氏事跡及他曾註解的經典書籍，這些書本的出版日期，皆為「壬」天干，非常巧合，剛與蔣氏葬地相同，尅應了他墓穴的坐山，豈非一切皆有數！

作為一位風水學術愛好者，風水學問固然重要，但也應研究風水名家的歷史背景，使不致以訛傳訛，容易淪落成為被人攻擊的迷信目標。書內有蔣大鴻的紀年活動事跡一表，非常詳盡，一目瞭然。

若因他著作經典的風水書籍 ── 《地理辨正疏》而令致學風水的人，只知蔣大鴻是一名風水師，那就未能全面瞭解他了。其實，他也是一個大文豪，精通詩詞歌賦，為明末雲間一派詩詞代表者之一。

他亦精通戰術、武藝、劍擊、兵法，是一個愛國的詩人及風水師，更是一位精通戰術的反清復明義士，明末福建南明唐王任命他為「兵部司務」，後晉升至御史一職。

蔣氏年少時性格放蕩不羈，後愛好風水及佛道，在平原曠野之上，得遇無極子祖師，以風水學問而入道修行。得風水術後，用了卅年時間鑽研，並著書立説，弘揚三元風水之法，並普傳風水正法於有緣人，使門下弟子由風水入修行之路。

在入門弟子拜師期間，經常與門下弟子舉行法事及舉辦齋醮、拜懺、拜斗法會，超度門下弟子的祖先，藉此以消除眾弟子們的業障，然後再傳風水之法，是由藝入道也。這些事蹟，可在《蔣氏家傳地理真書》眾弟子拜師期間他本人所撰寫的四篇〈傳道誓章表文〉內得見，蔣氏可以説是道家風水一派代表的表表者。

繼大師註：新書重新發行之修訂版《風水祖師蔣大鴻史傳》一書之製作，已在壬寅年三月中已完成，訂價HK$200，網上訂購九折。其餘兩書《地理辨正疏》及《地理辨正精華錄》已於壬寅年六月至七月完成，一并交與發行公司，並已在壬寅年六月至七月公開發售。

《本篇完》

（廿八）廿四山雙山尅應推算法

繼大師

無論是陽宅或陰墳，它們在風水的向度上，不論吉凶，都會影響它們在尅應上的時間，所以我們在量度向度時，必須很小心，要避開所有磁鐵的影響，且擔保向度一定準確無誤，始能推測吉凶所發生的時間。

羅盤廿四山的組合中，天干是十個，沒有「戊、己」，故只有八個天干，地支十二個，加上「乾、坤、艮、巽」四隅卦山，共有廿四山。在羅盤廿四山「雙山向法」中，筆者繼大師發覺它以十二地支為主，用天干或四隅卦配搭之。其雙山組合，共有十二對，一天干一地支，或是一四隅卦一地支，地支放於後。筆者繼大師列之如下：

「壬子、癸丑、艮寅、甲卯、乙辰、巽巳、丙午、丁未、坤申、庚酉、辛戌、乾亥。」

凡推算吉凶應事之年，以筆者繼大師之經驗，應以巒頭形勢為主，配合卦線吉凶，以廿四山干支推算所應事之年，其秘密在於：

（一）坐山或向度若是在天干上，則以十年為一個循環，加上三元元運，這樣之推算較為準確。

（二）坐山或向度若是在地支上，則以十二年為一個循環，加上三元元運推算之。

（三）若坐向在四隅卦之「坤」位，則看看兼「未」位，還是兼「申」位，「兼」者即「挨近」的意思。以筆者繼大師經驗，如坐「坤」山挨近未，則以「未」年推算，挨近申，則以「申」年測之。如此類推。

此十二組廿四山雙山組合，只適用於推算吉凶尅應的年份，但並不表示能主掌風水的吉凶。筆者繼大師舉一例子如下：

著名武打巨星李小龍卒於 1973 年 7 月 20 日，並葬於美國西雅圖湖景公墓，筆者繼大師知其墳碑坐西向東，向度為「庚」山「甲」向，剛好是煞線向度，尅應在羅盤廿四山方的「庚、酉」及「甲、卯」，為廿四山雙山雙向線度，非三元六十四卦之雙山雙向也。其獨子李 × 豪先生因拍戲時假戲真做，中槍身亡，卒於 1993 年 3 月 31 日，享年 28 歲。日課干支為：

癸酉　年

乙卯　月

筆者繼大師發覺「酉」年「卯」月是歲破之月，剛好李小龍碑墳是「庚」山（「庚、酉」雙山）「甲」向（「甲、卯」雙向），完全與「雙山雙向」廿四山的地支方向相同，尅應的時間，非常準確。

「甲」向的墳碑，剛好就是李×豪先生之生年天干（「甲辰」年）全完相同。故尅應之事，吉則應吉，凶則應凶，廿四山雙山尅應之法，絲毫不爽！

廿四山雙山圖

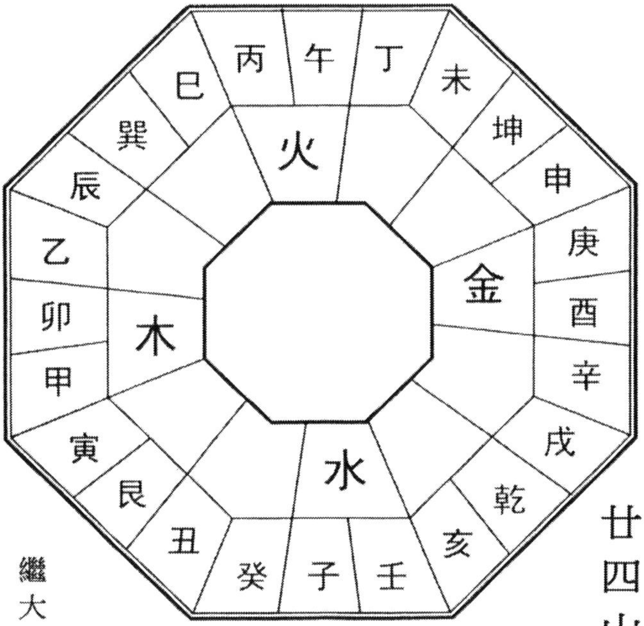

繼大師圖

廿四山雙山五行以十二地支為主，配以八天干及「乾、坤、艮、巽」四隅卦，即是：

「壬、子」、「癸、丑」、「艮、寅」、「甲、卯」、「乙、辰」、「巽、巳」、「丙、午」、「丁、未」、「坤、申」、「庚、酉」、「辛、戌」、「乾、亥」。

《本篇完》

（廿九）幸運的日課 — 骨灰龕大樓的設計

繼大師

現時香港老人逝世後，土葬地方有限，火葬居多，現今流行綠化殯葬，將骨灰撒落大海或作綠化公園。有一親戚在六月過世，火化後代政府公報地點後，然後抽籤安座骨灰位，有「和合石」及屯門龍鼓灘「曾咀」兩處地方，供網上申請輪候，舉行攪珠電腦抽籤決定骨灰位位置。

在這期間，剛好屯門龍鼓灘曾咀骨灰位出通告可供申請，地方寬敞，地鐵弧形標誌型號的大樓，分東南西北翼，環境優美，山環水抱。大樓地鐵弧形，每排骨灰位依樓形而排，其方向均不同，很難知道所屬排位的坐山方向。

龍鼓灘曾咀骨灰龕大樓，南面背靠一圓金形頂之翠綠山峰，山峰左右闊開，環抱地鐵弧形骨灰龕大樓之南翼，東、西、北是海邊，有砂脈在東西方拱抱，環境不錯。東面遠處是高山群，西面有幼長山脈由大樓之南面圓金形靠山，圍繞大樓向北而行，幼長山脈浮在海面，與大樓之間有一內海，大樓向西面望去，風景美麗，水之生氣由東向西流，故此內海中的幼長山脈為下關砂，但不夠高，有所欠缺。

筆者繼大師建議，大凡建築骨灰龕大樓，最好就是工型，方向統一，長方形或正方形，均非常肆正；但切勿成「口」字型，否則中心之生氣被囚困。筆者繼大師曾見這類型設計的公屋，有些居住在單位內的人士，因看不開而自殺。工型的設計，生氣就不會亂，正思維模式。工字型的兩面位置，為三閉一空，在中間位置的地方，左右均有守護，非常吉祥，如香港尖沙咀半島酒店的設計。

當抽籤得到了骨灰位的號碼後，就要到現場勘察其方向。由於曾咀骨灰龕大樓是地鐵標誌型號，工字形，工字型之兩棟向外彎出，只有南北兩端之邊位可以量度方向，量度其橫線之向度，然後依照圖則方向，以南北定位，找出所抽出的位置，就能定出每行骨灰龕位的向度，取後得出結果是「午山子向」，親屬為「戊午、辛酉」人命。

由於重陽節前後約四個星期之星期六、日，不能駕駛車輛直接入內，為方便安坐骨灰位起見，要選擇較遲的日期。由於上位日期時間要上網登記，而且規定是先到先得，因為人多輪候上位，故必須盡快搶得日期。在 2022 年 11 月 13 日已經滿額，公壽（喪禮代理人）暫訂了 2022 年 11 月 26 日星期六上午 11 時，放骨灰入龕位內是較為遲一些，故以「午」時作準。

據公壽所說，上位日期時間要上網鬥快按鈕，現代網上時代，遲一些就沒法取得心儀日子。公壽所選的日課，四柱八字如下：

壬寅 年
辛亥 月
癸未 日
戊午 時

這日課配以「午」山，亡命「庚寅」，親屬人命「戊午、辛酉」，日課好處如下：

(一)天干人中三奇「壬癸辛」雖非順排，但亦不失其格局，妙就妙在「癸」日干與「戊」時干合化火，「午、未」日、時地支合化日月，屬火，大大生旺「午」山。

(二)「寅」年與「亥」月六合化木，雖合得不穩，因「辛」金月干剋木故，若仔細研究，「辛」金生「壬」歲干水，再生合木之「寅、亥」地支，故仍可化合。「寅、亥」合木生「午、未」火，木火生助「午」山。

（三）日課地支木火大旺，生助「戊午」人命，雖然「辛酉」屬金，被日課火支所尅，但日課「辛亥」月干，還有一個「辛」金，而「辛酉」人命之貴人到本身日課之「壬寅」年支及「戊午」時支，「辛」人命之貴人亦到「午」山，日課「辛」月干之祿到「辛酉」人命，故此日課配以「辛酉」人命仍可使用。

在選取了日子安座骨灰龕位後，更要辦理登記手續，安排「石匠」師傅，撰寫碑文等，這需要一段時間，所以得遇好的公壽（**安座骨灰龕位的經理人**）非常重要。

雖然公壽只是看主家的需求而選擇星期六，但在爭取時間上來說，一有空位就盡快爭取，並沒有刻意去選擇日課時辰，更沒有看通勝。在先到先得的情況下，選擇出這個日子安座骨灰龕位，真是非常幸運，祝願進行安座中，一切順利圓滿。

當日安座期間，在同一位置的上數格骨灰龕位處，居然有人暗暗地手持《佛說天地八陽神咒經》向他的亡者親人默默的持頌，相應了這三奇貴格之日課。

《本篇完》

（三十）自擇的公司開張日課 —— 扶山相主口訣

繼大師

朋友之友人，夫妻兩人共同開創一間小型零售業門市公司，剛好裝修及佈置已經完成，心中已有開張日期，但又恐日子欠佳，故詢問一位擇日專家朋友的意見；因為只是擇日開張，並非牽涉風水範圍，但求開張日子大吉，使生意不要虧損，令自己心安而已。

以筆者繼大師之認知，雖然只是擇取吉日開張，並非只用日課生旺公司老闆而矣，嚴格一些來說，應該先量度店舖的坐向，以其坐山在羅盤廿四山中的所屬干支五行，用日課生旺之，這是較為圓滿的做法。

但一般擇日師是不會這樣做的，通常只有結婚嫁娶、農曆新年啟市、上任、出行等，這樣就不需理會坐山。若然牽涉坐山方位，則屬於擇日風水範圍。

在上任或調職他處，嚴格說來，亦應預先量度工作座位的坐山，在羅盤廿四山內所屬何方，在選擇日課時，能夠生旺工作座位之坐山。一般來說，向度要生旺，坐山要有靠，日課要扶山相主；扶山者，日課五行生旺坐山之所屬五行。相主者，日課五行生助福主（當事人）之出生年命干支，這是最好的做法。

一般扶山相主的日課，適用於安座神位，包括佛寺、道觀、神廟、家庭中之神位等，筆者繼大師認為必須要知道神位的坐山方向，方便日課生旺它。在陰宅方面，落葬金塔、骨灰龕位、棺木、安座墳碑等，都要用上扶山相主的日課。

友人之朋友夫婦，男的生年為「己酉」，女的生年為「壬子」，日課擇於陽曆2022年10月7日星期五，但他們不知用何時辰，於是請教擇日專家。該日課的四柱八字如下：

壬寅 年
己酉 月
癸巳 日
丁巳 時

此日課「酉」月「巳」日，半三合金局，「己酉」月與男福主生年相同，助旺也。「巳」日、時尅合於「酉」命，「己」之陽刃在兩個「巳」，算是極限了，幸好「酉」命支半三合金，可以中和它，勉強適用。

「壬子」女福主人命，天干「壬」之貴人到日課之「巳」日、時支，日課「酉」月「巳」日，半三合金局生旺「子」命支，大旺於女命。

日課不能取「午」時，因正沖「壬子」女命，「未」時平平，天干沒有貴人；「申」時為「壬寅」年之歲破時，不佳。此日取「酉」時最好（18:00），四柱八字如下：

壬寅 年
己酉 月
癸巳 日
辛酉 時

天干隔干人中三奇「壬、癸、辛」，在「年、日、時」，雖為隔干之三奇，但不失其格局。日課「辛」

時干之祿在「酉」月支及時支上。但一般開張時間，會在早上，故用「巳」時較為適合，用「酉」時為下午六時正，已是收工時間，除經營行業的營業時間是在晚上則屬例外，如酒吧行業。

至於取「戌」時，日課四柱八字為：

壬寅 年
己酉 月
癸巳 日
壬戌 時

開張時間比較晚一點，若是經營酒吧或夜總會生意則較為適合，此日之「戌」時為極佳之「貴人登天門時」。總之視乎行業的需要，加上好的時辰，造就出良好機遇，此為擇日之功能也。日課終於擇在陽曆 2022 年 10 月 7 日星期五「丁巳」時，一切圓滿順利進行。

《本篇完》

（卅一）執葬的日課 —— 屍骨不化的原因

繼大師

在香港地方，一般土葬，多在和合石或柴灣公墳，棺葬至六、七年後，便要執骨遷葬骨塔位，或是火化。據執葬公司負責人所說，棺材放在較潮濕的地方，屍骸容易化掉，若然六年屍骸不化，到十年也不會化掉的。在土葬時，一般人以為，人的死亡只有一次，所以認為用最好的棺木，就是報答至親的最好心意。

但是他們忘記了至親的屍骸，能否在六至七年間化掉，且執骨後能否另葬他處呢！一般做棺材殯儀生意的人，都希望能出售高價的棺木以賺取較為豐厚的利潤。但事實上，高級棺木質地硬實，不容易腐朽；因此，屍骸在六至七年間多未能化掉，好心做壞事也。

筆者繼大師並非阻人發達，只是從親人屍骸不化的經驗中得知，說出實情而已。可能未必每個棺木都是這樣，亦要看看葬者是壯年人或是老年人，或肥或瘦都會產生不同結果。有經驗的殯儀行業人士，有些認為在封棺之前，放一些菊花花朵入棺木內，使日後細菌能夠生長，容易把屍骸化掉。他們說，若一開棺，聞到很大的臭屍氣味，即知道該屍骸不化；若是沒有氣味，屍骸就會化得很好，這些都是他們經驗之談。

至於起棺執骨之日子，通常一般人選取之日課，以通勝上寫上「宜破屋壞垣」字眼的日子動工，但這些日課一般都是月破之日，如「申月寅日、酉月卯日」等。在正五行擇日法中，是不贊成用破日的，雖然執骨是了結葬棺的事，破日有破敗之意，對執骨的工作上容易產生不利之影響，但一般人已習以為常。

筆者繼大師發覺，一般意外，很多時在破日發生，或是人死亡時間多在破時，以日破時居多，如「子日午時，丑日未時」等；亦有月破時或歲破時，或是當日雖非破時，但正沖亡者太歲生年，或在歲破月發生，如「寅年申月，卯年酉月」等。

但亦有例外，如時間非在四柱地支有沖破之時日死亡，可算得是命中壽元已盡，所謂：「該死不用病」。

茲有「辛丑」生年人命，執骨亡命為「癸酉」命，墳坐「丙」山，第一個日課擇於 2022 年 9 月 13 日星期二中午 12 時正，日課四柱八字如下：

壬寅 年
己酉 月
己巳 日
庚午 時

一般起骨之日課，是不需要特別生旺坐山，只要不沖尅坐山就可以，但日課切不可沖尅亡命生年干支。此日課日、月「己」土天干生「辛丑」祭主人命，為祭主的偏印，不要多過兩個，因偏印即「梟神」，能奪食神，食神代表子息。

「辛」干人命之貴人在日課之「寅」年、「午」時支上。日課「酉」月、「巳」日與「丑」人命支三合金局。「辛」干人命之祿在日課之「酉」月支上，日課「庚」時干之貴人在「丑」人命支上，「癸酉」

亡命天干之貴人在日課之「巳」日支上。此日課雖然可用，但因時間太過迫切，仵工未能及時辦理手續，故押後兩週。

第二個日課擇於 2022 年 9 月 25 日星期日中午 12 點起骨，午時為早上 11:00 am 至下午 13:00。日課四柱八字如下：

壬寅 年
己酉 月
辛巳 日
甲午 時

此日課之地支與第一個日課幾乎完全相同，只是「辛」日干與「甲」時干不同而已，整個日課，基本上差不多，但因換上了「辛」日干，故同旺「辛丑」祭主人命，「辛」日干之貴人在「午」時，為日貴之時。日課「甲」時干之貴人到「丑」人命，比第一個日課好一點。

當仵匠執骨之時，發覺葬者屍骸未化，筆者繼大師認為原因可能葬地較為乾爽，或是棺木質地太好，這需要花些時間整理骨骸。但無論如何，起骨之後，若重新安葬金塔，此日課最為重要，因為安葬後，骨骸直接受日課的影響而產生吉凶剋應；再者是受葬地的向度及巒頭形勢的影響，以致承受多重的吉凶效應。

古人認為，人生在世，不能擇日而生，一切都是命運所主宰，（現代人則可以擇日剖腹生子，但很有限度。）但落葬日期可以選擇。落葬亡者，尤如重生，故〈正五行擇日法〉古人稱之為〈擇日造命法〉。所以無論安葬棺木或是金塔，比起執骨日課更為重要。

《本篇完》

（卅二）日偏蝕的剋應

繼大師

一般擇日用事，容易忽視或疏忽日蝕或月蝕天象的變化，但若是重要大事，則容易發生不良的剋應。我們觀察世界大事，留意日課四柱，再配合日、月之天象變化，則未來之好壞，可預知未來發展的吉凶於一二。

壬寅年農曆十月初一，陽曆十月廿五日星期二，早上八時五十分左右，筆者繼大師所乘坐之巴士，在入站時，一不小心，把前面入站巴士後方突出之後鏡撞爛，以致二輛巴士全車人下車，阻礙個百人上班，查看四柱日課是：

壬寅　年
庚戌　月
辛亥　日
壬辰　時

日課剛好是月破時，將踏入巳時（9:00 am）之日破時，除了天干「辛」日之貴人在太歲「寅」之外，其餘「壬、庚」均沒有出現貴人在地支上，是日剛好出現日偏食，香港地區不見。

當下午三點幾，筆者繼大師在出書排稿之際，突然間沒法使用 WhatsApp，以為上網出現問題，無法繼續工作，擾攘到差不多五點鐘，突然又回復正常，稍後始知道原來 WhatsApp 伺服器壞了，用戶群組不能發放及接收，歷時一小時 50 分。

有一些人以為自己手機 WhatsApp 通訊程式有問題，以致刪除 Apps，後再重新下載 WhatsApp 程式，但以往所有資料已經全部刪除，無奈使用雲端儲存的資料，再次下載，但已浪費了不少時間，及令自己擔憂，產生了不少煩惱。當日四課四柱為：

壬寅 年
庚戌 月
辛亥 日
丙申 時

剛好是歲破時，「申、寅」相沖也，又是日偏食之日。通勝日曆寫上：「日值上朔。大事不宜。」晚上看新聞報道，英國首相辛偉誠上任，籃韜文任副首相，侯俊偉留任財長，柏裴文任內相。香港快英國時間約八個小時，可以說是在同一日。

日偏食是天象之變化，大事不宜，何況國家領導人上任呢！看未來英國的局勢，應該大不如前，國運會走下坡？真的不得而知了！

東升西墜，是現時世界局勢的發展路向，西方國家在未來日子，漸漸不能主導世界了。世界輪流轉，風水亦如是，中國在未來必定更加強大，會漸漸走入主導世界的地位，我們拭目以待。

《本篇完》

（卅三）喪禮日課例子

繼大師

友人親戚之亡父生於「庚辰年、壬午月、辛巳日」，終於2019年4月頭，兒子生於「辛酉年、甲午月、戊寅日」，擇日舉行喪禮儀式，我們擇日只需亡者及祭主人命生年配合日課即可，即是：

亡命：庚辰

兒子：辛酉

最初兒子想在假期中舉行出殯儀式，方便親友參加，所以選擇的日課非常有限。並擇於2019年4月27日星期六中午十二時（午時：11:00 － 13:00）日課四柱如下：

己亥　年

戊辰　月

甲午　日

庚午　時

因為沒有坐山的需要，所以日課只要以「辛酉」人命及亡命「庚辰」為主即可。「辛」干人命之貴人在日課之「午」日、時支上，「午」日、時支為火尅「辛酉」金人命，這裡有少許瑕疵。「庚辰」亡命與日課「戊辰」月之地支同氣。忌「子、戌」命生人參禮，中間時段要迴避，尤其是「子」命人。

若是擇2019年4月28日星期日中午十二時，日課四柱如下：

己亥 年
戊辰 月
乙未 日
壬午 時

「庚辰」亡命與日課「戊辰」月之天干貴人到日課之「未」日，與上述日課一樣，「辛」干人命之貴人在日課之「午」時支上，日課之「未」日「午」時合日月，火尅「酉」人命支，亦有少許瑕疵。

若擇陽曆2019年5月4日星期六中午十二時，日課四柱八字為：

己亥 年
戊辰 月
辛丑 日
甲午 時

日課「午」時為「辛」日干之日貴時，與亡者兒子「辛酉」命同干，「丑」日與「酉」命半三合金局，日課「戊」月與「甲」時之貴人在日課「丑」日上，不過不失，可用也，是三個日課之中較為最好的。

由於亡者兒子後來因為殯儀館靈堂地方有限，在星期六、日假期出殯之人很多，不能給予安排，故決定採用平時週日時間舉行喪禮，故選取陽曆 2019 年 4 月 30 日星期二中午十二時，日課四柱為：

己亥 年
戊辰 月

丁酉　日
丙午　時

日課「丙、丁」之貴人在「酉」日及人命地支上，日課「丁」日之祿在「午」時，為日祿時，「辰」月「酉」日合金而不化，因丁「火」日干剋金之故，但日課「酉」日同旺「酉」人命，「辰」月亦同旺「庚辰」亡命，故此日課適合使用。

有時亡者的逝世日期，是預料不到的，必須在短時間內，決定出殯的日期，或在假期或在平時舉行，必須兼顧各方面，包括人物、場地及地點等，始可選擇最適合的日課，其實日課沒有沖剋亡命及人命生年，亦並非破日、破時或歲破，即可使用。

《本篇完》

（卅四）化解怒氣的撞日日課 —— 註解《元空真秘》的餘波

繼大師

《元空真秘》於一九二〇年出版至今，已超過一個世紀，現時已很少在坊間出現，只在三元元空個別派系內的學習者流傳，即使在網上訂購，價錢也非常昂貴，達三至四萬元人民幣。筆者繼大師為了使三元元空大卦知識能有所普及，於是在今年壬寅年中出版，連原著及註解上下冊，全套共三冊，出版一百廿套，到目前為止，已售出約四十多套。雖然賣出非常少，但已對三元大卦書籍起了有流通的作用。

近期（2022年11月）突然收到一位五年未曾來往過的同門師兄訊息，按照以往經驗，來者不善，善者不來，筆者繼大師未看全文，已心知不妙。他先問侯，然後用非常重的語氣來質問我為什麼洩露本門易卦學問，把風水秘密公開！其中云：

「任何呂氏徒弟，凡得呂師所傳（劉仙舫的秘傳）者，一律不得輕洩妄傳。此是師門所定，犯者是欺師，必受天遣雷誅！……請給我一個交代，我要同師弟交代。」

我知道師兄從不看我的著作，原則上，他對於風水的學識，在程度上，是遠超本人，亦自視甚高，可以說是默認自己是代表 呂師派系的掌門人，所以他不會知道我出版什麼書。若然我在風水上有些行差踏錯，傳到他的耳邊，他必定當面指責，今次已是第二次了。

原來其中原因，就是與師兄很投緣的一位師弟，偶然看見在我的著作上寫到關於劉仙舫地師的文章，便告訴他，認為筆者繼大師泄露劉仙舫的祕傳大卦，但他從未看過本人所註解《元空真秘》的內容。

對於這些不實的指責，本來可以無需回應，但為了不傷情宜，還是以和為貴好。本人曾經得師兄的幫忙，始得 呂師傳授風水中較為深入的法理，雖然我也幫過他，但亦要感謝他，都是恩人。終於我用了一日時間，詳細解釋清楚，餘波始息，他並向本人致歉。

筆者繼大師寫了一大段的回覆，其中部份內容如下：

「首先劉仙舫的《元空真祕》原著於 1920 年出版，已經公開於坊間，這本書是由吳星亭傳劉仙舫，劉氏傳吳勵生，後吳氏到台灣傳給陳少谷的手抄版本，鄭大森輯錄，請你們仔細清楚閱讀。……師兄，多多得罪了！仍然感激你！」

筆者繼大師認為人要彼此互相尊重，有來有往，不要老是以為自己總是對的，別人都是錯的，不要用自己的尺去量度他人的長短，我做人管好自己就是，從不理會他人的事！所謂因果自負，從不用耳朵去聽是聽非。所謂：清者自清，濁者自濁。

其實在指控別人之前，首先要蒐集證據，人生短暫，好快不在人間，短短數十年，也是一場夢！其實我無必要要向任何人交代，做事無愧於心，凡事為人想，繼大師是個假名，虛名而已，活在世上，做些有意義的事情，不要白費光陰！

WhatsApp 口訊發出後，筆者繼大師番查日課，想不到的是，原來是「人中三奇」貴格。四課四柱如下：

壬寅 年
辛亥 月
癸酉 日
辛酉 時

十月廿三霜降，還未到小雪，所以中氣之月令還是「卯將」當值，剛好師兄亦屬「卯」年生人，「卯」與「酉」日、時支相沖，然而日課是人中三奇「壬、癸、辛」兩個「辛」干，「壬、癸」之貴人到「卯」命。正因為是「卯將」當值，適逢「癸」日天干，其「貴人登天門時」正是「酉」時，它有鎖煞、制煞的功能。

擇日不如撞日，真是非常巧合，極之感恩！日課化解了他的憤怒之心，好像一切都是最美好的安排。

約十個小時內，得到師兄的道歉回覆，本人也不介懷，道歉與否亦不在乎，更不動怒，人生就好像上演一幕戲劇似的。所謂：「諸法因緣生。諸法因緣滅。」試問人生有什麼東西你可以帶走呢！風水秘笈?對於風水的秘密,各人心目中的標準長短不同,加上各人認知又不一樣,所定的標準高低不一,不過英雄所見略同而矣。

知得多的人就可以略說皮毛,知得少的人就認為知得多的人所略說的皮毛是天機秘密。

但亦有人一心想用風水濟世,寫下秘笈,以傳後世,正如《元空真秘》作者劉仙舫地師,訪尋明師良久,曾隨風水師父廿四人,發覺只有兩人是得真傳之師,巧遇屬下同事吳星亭地師,兩人共事十多年,能得知遇之恩。

在努力學習過程中,他把吳師真傳口訣一篇篇地筆錄,集成《元空真秘》,吳星亭地師吩咐他出版,以救世人。

蔣大鴻先師有云:「**然天律有禁。不得妄傳。苟非忠信廉潔之人。未許聞一二也。**」

時代不同，標準亦有所改變，例如在三元六十四卦羅盤中，每卦內的每爻排列的順逆方向，古時視為機密，但現在已經刻在羅盤上，甚至變爻的吉度，亦顯示出來，那麼又是洩露天機了！

現代的三元六十四卦羅盤的所有刻度，就是唐代丘延瀚風水祖師所著並獻給唐玄宗的《理氣心印》。

話説回頭，六十四之道理是可以解釋，但用法一定要師父心傳口授；蔣氏常説，得書不得訣，不能明白，這亦是枉然。雖然明師擇人而傳，但有時千揀萬揀，所揀的就是「爛燈膽」！這一切都是因緣際會，無緣不成師徒。

還有一樣東西筆者繼大師想説的，徒弟跟師父學習，要看徒弟領悟多少，師父帶徒弟入門，徒弟日後自己發掘研究，見解未必與師父完全相同，個人智慧不同，自然水準高低不一，全在講求個人天份，加上自己後天努力研究，始能有成就。

有些學理是無師自通，但畢竟太少人能做到，所以師承很重要，所謂名師出高徒，有時徒弟要觀察透徹才可以明白，若師父不傳的話，那就只有偷師了，這必須要有敏銳的觀察力、思考力及學理能得到証驗，始能深入了解。

此「洩露天機」之事雖暫告一段落，但不擔保未來餘波未了，麻煩再生，但願平等對待，彼此互相尊重，吉祥圓滿。

《本篇完》

（卅五）三會日的交通意外

繼大師

一日乘車經過一地，見一黑色電單車倒在地上，路上沒有血跡，亦沒有剎車呔痕，不見傷者，並有多名交通警察在現場，肯定是發生交通意外，其行車線是由南向北行。筆者繼大師一查日課八字四柱，居然是成格成局，其四柱為「癸卯年，甲寅月，癸卯日，丙辰時（08:57am）。

地支年、月、日、時是「寅、卯、辰」三會東方木局，天干水木大旺，下午筆者再查看新聞，原來葵涌和宜合道發生奪命交通意外，（2023年2月14日）早上6時51分，一輛電單車在和宜合道308號對開收掣不及，猛撞的士左邊車頭，42歲巴基斯坦籍鐵騎士飛墮地上，頭盔飛脫，重創昏迷被送往仁濟醫院搶救。

發生意外的時間，其四柱八字如下：

癸卯 年

甲寅 月

癸卯 日
乙卯 時（06:51am）

持香港身份證的巴基斯坦籍男子，延至上午7時28（辰時）被證實死亡，死者42歲（1981年辛酉年生），為送外賣僱員，現場遺下一個foodpanda的外賣袋，相信死者正在送外賣途中出事。現場66歲（1957年丁酉年生）的士司機涉嫌危險駕駛導致他人死亡被捕。証實死亡時間之四柱八字如下：

癸卯 年
甲寅 月
癸卯 日
丙辰 時（07:28am）

在時間干支上，有如下的特徵，筆者繼大師分析如下：

（一）發生意外時間地支「癸卯」年、「癸卯」日、「乙卯」時，三個「卯」支沖死者「辛酉」生年。

（二）發生意外時間天干兩「癸」之貴人在本身日課之三個「卯」支上，很明顯是天干兩「癸」幫助地支「卯」去沖尅死者「辛酉」生年支，加強力量，故殺傷力加大。

（三）直至傷者死亡時間在：「癸卯年，甲寅月，癸卯日，丙辰時」，地支三會東方「寅、卯、辰」木局，加強至三倍力量沖尅死者「辛酉」生年支。

（四）的士司機為「丁酉」年生人，「癸卯」流年為天尅地沖之年，在沖太歲年支、日支、時支，共三個「卯」支而觸犯危險駕駛引致他人死亡之官非。

（五）死者1981年「辛酉」年生，的士司機為1957年「丁酉」年生，同樣是「酉」年沖「癸卯」年太歲，但「丁」火」尅「辛」金，司機生年之天干「丁」，為死者「辛」金干之七煞，尅人者是「為害者」，被尅者是「受害人」。

（六）的士由南（午）向北（子）在內線而行，電單車亦與的士同方向在外線而行，在內行車線的士突然轉向東面「卯」方橫越外行車線而轉入對頭線之東面「卯」方路口，把原來在外線正在行駛中的電單車撞到。

這「酉、卯」方向，加上時間「卯」地支，配合「酉」人命生年所發生的車禍災難，令人難以置信，真是有那麼湊巧嗎？

在術數中有奇門遁甲，是專測算時間及方位在出門行事中的吉凶；但以人命、日課、方位干支的配合而產生吉凶尅應，筆者繼大師未曾研習過，但從這件事件中的體驗，這三者的關係，確實存在，這樣的尅應，真的是極為罕有，但願人們遠離凶險災禍，人人平安。

《本篇完》

（卅六）癸卯（2023年）流年日課方位吉凶

繼大師

今年癸卯年，太歲名「皮時」，是雙春兼潤月之年，潤農曆二月。若陽居陰宅需要重修，我們必須要注意流年方向及方位的吉凶。

筆者繼大師現將「癸卯」年的方位吉凶列之如下：

（一）是年立春日在陽曆2月4號星期六，農曆正月十四「癸巳」日，早上10：43am巳時交節，太歲在東面「卯」方，歲破在西面「酉」方，名為「大耗」，極凶，不能沖犯，否則非常凶險。

（二）三煞在西方「兑宮 — 庚、酉、辛」，劫煞在「申」，歲煞在「戌」。

（三）戊己都天煞在南方「午、未」方，夾煞都天在「丁」方。

（四）「癸卯」流年紫白「四綠星」入中，年紫白「五黃」凶星到西北方「乾」宮（戌、乾、亥），「酉」月紫白「二黑」星飛入「乾」宮，為二五交加，故西北方「乾」宮忌動土，易損小口。

流年紫白「二黑」到東方「震宮 — 甲、卯、乙」，「卯」月及「子」月之月紫白「五黃」星飛入東方「震」宮，為二五交加，忌動土。

（五）土王用事日，為陽曆 2023 年 4 月 18 日星期二、2023 年 7 月 21 日星期五、2023 年 10 月 21 日星期六、2024 年 1 月 17 日星期三，忌動土及奠基儀式。

（六）「分龍日」是龍神交接之時，為陽曆 2023 年 6 月 27 日星期二，「三伏日」為陽曆 2023 年 7 月 11 日庚午日「初伏日」、2023 年 7 月 21 日庚辰日「中伏日」、2023 年 8 月 10 日庚子日「末伏日」，忌動土及奠基儀式。

（七）四絕日為：

陽曆 2023 年 2 月 3 日，星期五（立春前一天）。

陽曆 2023 年 5 月 5 日，星期五（立夏前一天）。

陽曆 2023 年 8 月 7 日，星期一（立秋前一天）。

陽曆2023年11月8日，星期三（立冬前一天）。
陽曆2024年2月3日，星期六（立春前一天）。

筆者繼大師得知今年是雙春兼潤二月之年，故有兩個立春日。這年有五個四絕日，大事勿用。

（八）四離日為：
陽曆2023年3月21，日星期一（春分前一天）。
陽曆2023年6月21，日星期三（夏至前一天）。
陽曆2023年9月22，日星期五（秋分前一天）。
陽曆2023年12月21，日星期四（冬至前一天）。

（九）「日全環蝕、月偏蝕」前後七日內，大事勿用。今年出現兩次，筆者繼大師列之如下：
日全環蝕在陽曆2023年4月20日星期四，由陽曆2023年4月14日至2023年4月26日星期三，前七日及後七日，連本身日蝕之日，共13日，大事勿用。

月偏蝕在陽曆 2023 年 10 月 29 日星期日，由陽曆 2023 年 10 月 23 日星期一至 2023 年 11 月 4 日星期六，前七日及後七日，連本身月蝕之日，共 13 日，大事勿用。

另外，楊公忌日及煞師日，地師與人造葬安碑時頗要小心，這是唐、楊筠松風水祖師根據廿八星宿輪值而定出的，全年有十三日，可參考通勝內的日期，如想更清楚的話，可參看繼大師著《正五行擇日精義進階》第 19 章《班煞日及楊公忌日的禁忌》。

如想擇取吉日用事，筆者繼大師認為必須要將每年流年的吉凶方位找出，造葬陰墳及陽居裝修時避免沖犯，風水師及福主在用事時，將凶險發生的機會減至最低，能造福人群，善莫大焉。

《本篇完》

後記

繼大師

在宇宙及地球上，時間是一個巨輪，時間可生出一切，同時亦可摧毀一切，一切物質的生滅，都在時間之中，故密教有時輪金剛法，可即身成佛，佛性不壞，不在時間生滅之中，三際一如，沒有所謂過去、現在、未來，不生不滅也。

中國人以八字、紫微斗數、掌相、占卜、鐵板神數等五術學問去占算個人將來命運，唯獨陰陽二宅風水可令人趨吉避凶，使未來命運昌隆，得到風水吉地而邀福，原來這一切都是命運之所使。佛陀不主張人們學習術數，認為人生的一切，都是業力的牽纏，出世修行成佛至要，可改變命運，不受輪迴之苦。

筆者偶見報張新聞發生意外凶事，很自然地去查詢肇事人的出生年份，發覺大部份發生意外的人，都是在犯太歲或沖太歲之年而尅應凶兆，這都離不開命運。筆者有時感覺得唏噓，知道命運又如何呢！能夠完全避開嗎！但回想一下，中國人有所謂：「君子不立危牆之下。」茲舉例如下：

若然在街上遇到警察巡邏，或身處在一個受保護的環境下，心裏也總覺平安一些，選擇吉日用事，就如同得到吉神相助一樣。曾經聽聞一則事例，在港英政府時代，有一位英國人的財政司訪問一政府部門，部門裏有一人靈機一觸，集資買彩票，結果中了獎，接到財政司所帶來的福氣，這就等同擇日選取貴祿時辰用事一樣。

相反，若然在街上遇到有賊人搶劫、多人在街頭集體打鬥、爆炸事件、交通意外等，好自然就會速速遠離現場，免得被凶神惡殺所波及，這就等同擇日錯選大凶時辰用事一樣。

現在香港流行移民潮，即使你不喜歡香港，但在選擇移民國家時，必須瞭解該國的地理環境、經濟、民生、安定情況、種族歧視……，若然該國發生戰亂，如烏克蘭，你就不能去，這就是國家的國運，興隆與否！應當瞭解。

在玄學上來說，就是國家城市的風水，配合大時代元運，「時運」即是選擇時代的元運，亦在「擇日學」範圍內，不過將時間放大罷了。

由2024年開始的未來20年，正是下元九運，2044年將會交接上元一運，到時世界將會有翻天覆地的變化，如大日一樣，世界大運東昇西墜，彼起此落，西方東方，運轉乾坤，可拭目以待。

擇日這門學問，就如同人生在適當時候，做對自己有利益的事情，所謂：「運不離時」。筆者繼大師著作**《正五行擇日精義深造》**一書，是所有《正五行擇日系列書籍》中的第十本。

在未來，本人亦不知是否會繼續寫擇日書籍，相信一切會順其自然。祝願大家能善用擇日學問，修心養性，以此達到趨吉避凶的目的，避開凶險，就能吉祥如意。

繼大師寫於香港明性洞天

壬寅仲冬吉日

榮光園有限公司出版 —— 繼大師著作目錄：

已出版：正五行擇日系列

一《正五行擇日精義初階》二《正五行擇日精義中階》

風水巒頭系列 － 三《龍法精義初階》四《龍法精義高階》

正五行擇日系列 － 五《正五行擇日精義進階》六《正五行擇日秘法心要》七《紫白精義全書初階》八《紫白精義全書高階》九《正五行擇日精義高階》十《擇日風水問答錄》

風水巒頭系列 － 十一《砂法精義一》十二《砂法精義二》

擇日風水系列 － 十三《擇日風水尅應》十四《風水謬論辨正》

風水古籍註解系列 － 十五《三元地理辨惑》馬泰青著 繼大師標點校對 十六《三元地理辨惑白話真解》馬泰青著 繼大師意譯及註解

風水巒頭系列 － 十七《大都會風水秘典》十八《大陽居風水秘典》

三元卦理系列 － 十九《元空真秘》原著及註解上下冊（全套共三冊）劉仙舫著 繼大師註解

風水祖師史傳系列 － 二十《風水祖師蔣大鴻史傳》 **三元易盤卦理系列** － 廿一《地理辨正疏》蔣大鴻註及傳姜垚註 張心言疏 繼大師註解（全套共上下兩冊）廿二《地理辨正精華錄》

大地遊踪系列 － 廿三《大地風水遊踪》 廿四《大地風水神異》

廿五《大地風水傳奇》與 廿六《風水巒頭精義》 限量修訂版套裝（廿五與廿六全套共二冊）

正五行擇日系列 － 廿七《正五行擇日精義深造》

未出版：

大地遊踪系列 － 廿八《風水明師史傳》 廿九《風水秘義》 三十《風水靈穴釋義》 卅一《大地墳穴風水》 卅二《香港風水穴地》 卅三《廟宇風水傳奇》 卅四《香港廟宇風水》 卅五《港澳廟宇風水》 卅六《中國廟宇風水》

三元卦理系列 － 卅七《三元地理命卦精解》

風水古籍註解系列 － 繼大師註解 卅八《青烏經暨風水口義釋義註譯》

卅九《千金賦說文圖解》 四十《管號詩括暨葬書釋義註解》 四十一《管氏指蒙雜錄釋義註解》

四十二《雪心賦圖文解義》（全四冊）

榮光園有限公司簡介

榮光園以發揚中華五術為宗旨的文化地方，以出版繼大師所著作的五術書籍為主，首以風水學，次為擇日學。

風水學以三元易卦風水為主，以楊筠松、蔣大鴻、張心言等風水明師為理氣之宗，以巒頭（形勢）為用，擇日以楊筠松祖師的正五行造命擇日法為主。

為闡明中國風水學問，用中國畫的技法劃出山巒，以表達風水上之龍、穴、砂及水的結構，以國畫形式出版，亦將會出版中國經典風水古籍，加上插圖及註解去重新演繹其神韻。

日後榮光園若有新的發展構思，定當向各讀者介紹。

作者簡介

出生於香港的繼大師，年青時熱愛於宗教、五術及音樂藝術，一九八七至一九九六年間，隨呂克明先生學習三元陰陽二宅風水及正五行擇日等學問，於八九年拜師入其門下。

《正五行擇日精義深造》繼大師著

出版社：榮光園有限公司 Wing Kwong Yuen Limited
香港新界葵涌大連排道35 - 41號, 金基工業大廈12字樓D室
Flat D, 12/F, Gold King Industrial Bldg. , 35-41 Tai Lin Pai Rd, Kwai Chung, N.T., Hong Kong
電話：(852) 6850 1109
電郵：wingkwongyuen@gmail.com
發行：聯合新零售(香港)有限公司 SUP RETAIL (HONG KONG) LIMITED
地址：香港新界荃灣德士古道220～248號荃灣工業中心16樓
16/F, Tsuen Wan Industrial Centre, 220-248 Texaco Road, Tsuen Wan, NT, Hong Kong
電話：(852) 2150 2100
電郵：info@suplogistics.com.hk
印刷：榮光園有限公司 Wing Kwong Yuen Limited

作者：繼大師
繼大師電郵：masterskaitai@gmail.com
繼大師網誌：kaitaimasters.blogspot.hk

《正五行擇日精義深造》繼大師著
定價：HK$ 250 -
版次：2023年3月第一次版
ISBN 978-988-76145-8-6
9 789887 614586